Knaus

# Das Tagebuch der Julie Manet

## Eine Jugend im Banne der Impressionisten

*Deutsch von*

*Sybille A. Rott-Illfeld*

Albrecht Knaus

Titel der französischen Ausgabe:
JULIE MANET, JOURNAL (Extraits), 1893–1899

1987 Erstveröffentlichung bei Sotheby's Publications by Philip Wilson Publishers Ltd., 26 Litchfield Street, London WC2H 9NJ. 

Der Albrecht Knaus Verlag
ist ein Unternehmen der Verlagsgruppe Bertelsmann

1. Auflage

Gesetzt aus Borgis Janson
Schutzumschlag von Klaus Renner
unter Verwendung eines Gemäldes von Julie Manet:
Jeannie Gobillard; Privatsammlung.
Printed in Germany · RMO, München
ISBN 3-8135-3694-7

*Für Clément Rouart*

*Die Herausgeberinnen möchten allen Mitgliedern der Familie Rouart, die sie bei ihren Recherchen unterstützt haben, ihren Dank aussprechen. Er gilt insbesondere Madame Agathe Valéry-Rouart und Monsieur Jean Griot, die uns äußerst wertvolle Angaben über die Familien Manet, Rouart, Valéry und Baudot gemacht haben. Wir danken ebenfalls Monsieur André Chadefaux für seine photographischen Arbeiten. Charles Stuckey schließlich danken wir für seine Ermutigungen und seine praktischen Ratschläge, die uns bei der Vorbereitung dieses Buches von größtem Nutzen waren.*

# *Inhalt*

# *Einführung*

Es ist eine ausgezeichnete Idee, täglich seine Gedanken niederzuschreiben, es schult den Stil ganz ungemein. Darunter verstehe ich nicht, ausgewogene Sätze zu formulieren, sondern den Versuch, auszudrücken, was man denkt. Es scheint mir sogar, daß man sehr nachsichtig sein, alle Unkorrektheiten hinnehmen sollte, sofern nur das Gefühl echt ist, die Ideen originell.» Das schrieb Berthe Morisot im Jahr 1884 an ihre Schwester Edma, nachdem diese ihr das Tagebuch ihrer ältesten Tochter[1]* geschickt hatte.

Die meisten jungen Mädchen führen ein Tagebuch, und es überrascht nicht, daß bei einer Mutter mit solchen Ansichten, die auch die Anregung dazu gab, Julie keine Ausnahme machte. So etwa wissen wir, daß Julie bereits im Alter von zehn Jahren aufschrieb, was ihr durch den Kopf ging, und auch Mandoline spielen lernte. Sie tat das übrigens nur kurze Zeit, und erst 1893 begann sie ernsthaft mit ihrem Tagebuch. Dieses Tagebuch war kein eleganter, sorgfältig in Leder gebundener Band, sondern bestand aus unzusammenhängenden Notizen, oft mit Bleistift in ein altes Schulheft gekritzelt; der Inhalt war ebenso ursprünglich wie die Form. Es ist die lebendige Beschreibung eines wichtigen Zeitabschnitts der französischen Kulturgeschichte aus dem Blickwinkel eines freilich erstaunlich hellsichtigen Kindes, der jüngsten Tochter einer Familie, die auf dem Gebiet der Kunst gewiß eine der herausragendsten ihrer Zeit war.

Julie Manet wurde am 14. November 1878 in Paris zur Blütezeit der impressionistischen Malerei als Kind gutsitu-

* Anmerkungen siehe S. 237

*Edgar Degas*. Portrait Édouard Manets, 1864

ierter kultivierter Eltern geboren. Sie wurde im wesentlichen konventionell erzogen und hatte eine äußerst glückliche Jugend, umhegt von Vater und Mutter und einem großen Freundeskreis, der sie abgöttisch liebte. Ihr Tagebuch erzählt von sorglosen Sommern mit interessanten Reisen und von Wintern in Paris, in denen man ständig Konzerte und Ausstellungen besuchte. Natürlich handelte es sich nicht um eine übliche Familie und übliche Freunde; Julie lebte und malte unter den Augen der bedeutendsten und einflußreichsten Künstler ihrer Zeit. Mit dem Dichter Mallarmé unternahm sie Bootsfahrten, mit dem Maler Renoir Picknick-Ausflüge, mit Degas besuchte sie den Louvre. Am Ende ihres Tagebuchs erfahren wir, wie Paul Valéry ihrer Cousine Jeannie den Hof machte (und sie bald darauf heiratete).

Julie war das einzige Kind der Malerin Berthe Morisot und ihres Ehemannes Eugène Manet, des jüngeren Bruders Édouard Manets, des umstrittensten Künstlers der damaligen Zeit. Als sie ihr Tagebuch begann, waren die Impressionisten schon berühmt, obwohl sie nicht generell bewundert wurden; sie waren in die Jahre gekommen und hatten künstlerisch bereits verschiedene Wege eingeschlagen. Dennoch blieben sie einander eng verbunden und waren Julie liebevolle Freunde, die sie nach Kräften unterstützten, als sie im Jahr 1895 Vollwaise wurde.

Dieser Rahmen konnte der Herausbildung ihres eigenen Talents und der Entwicklung ihrer außerordentlichen Beobachtungsgabe nur förderlich sein. Von ihrer frühesten Kindheit an lebte sie in der Welt der Künste und wuchs im kunstsinnigen Bekanntenkreis ihrer Eltern, in einer Atmosphäre auf, in der sich alles um Malerei, Musik und Literatur drehte. Dadurch wurde sie früh erwachsen, entwickelte sie Neugier und Sensibilität.

Berthe Morisot, geboren 1841, war eine Malerin von Rang. Sie heiratete 1874, nur wenige Monate nachdem sie bei der ersten Impressionisten-Ausstellung, die im Studio des Photographen Nadar am Boulevard des Capucines stattfand, vier Gemälde, zwei Pastelle und drei Aquarelle gezeigt hatte. Berthe war von ihrer Familie immer ermuntert worden zu malen, doch was als üblicher Zeitvertreib eines jungen Mädchens aus gutem Hause begonnen hatte, wurde für sie zu einer lebenslangen Leidenschaft und zu einer wirklichen Karriere, während ihre beiden Schwestern Yves und Edma, als sie sich verheirateten oder sogar schon vorher, sich von der Malerei abwandten.

War es, weil die Familie sehr weitläufig verwandt und verschwägert war mit dem großen Fragonard? Fest steht jedenfalls, daß die Morisot-Mädchen echte kreative und künstlerische Neigungen besaßen, die ihre Eltern erkannten und förderten. (Ihr Vater Tiburce hatte Architektur studiert, aber diesen Beruf zugunsten einer besser angesehenen und einträglicheren Laufbahn in der Verwaltung aufgegeben.) Ab 1857 nahmen die drei Schwestern bei Chocarne, einem Repräsentanten der akademischen Malerei, der im Louvre alte Meister kopierte, Malunterricht. Aber später erhielten sie bei ihrem Lehrer Guichard, einem Lyoner Künstler, Schüler Ingres' und Delacroix', eine solide Ausbildung in Zeichnung und Maltechnik. Guichard merkte sehr schnell, daß diese jungen Mädchen viel zu begabt waren, um nur aus Kurzweil zu malen, und daß bei dem Talent, das sie hatten, gewiß richtige Malerinnen aus ihnen werden würden. «Sind Sie sich im klaren, was das bedeutet?» fragte er Madame Morisot. «In den großbürgerlichen Kreisen, denen Sie angehören, kommt das einer Revolution gleich, fast möchte ich sagen einer Katastrophe[2]!» Da in der

Folgezeit Berthe darauf beharrte, Plein-Air-Studien vor dem Motiv auszuführen, trennte sich Guichard widerwillig von seinen Schülerinnen und vertraute sie Corot an.

Berthe und Edma arbeiteten nun zwei Jahre lang unter der Anleitung Corots. Er wurde ein Freund der Morisots und speiste jeden Donnerstag bei ihnen zu Abend. Auf einem Maultier oder einem Pferd durch die Pyrenäen zu reiten, um im Freien zu zeichnen und zu malen, war für Frauen höchst ungewöhnlich, doch eben das taten die beiden jungen Mädchen während des Sommers 1862[3]. Zweifellos wurde Berthe von ihrer Mutter in ihrer künstlerischen Berufung unterstützt, und sie stieß auf keinen Widerstand, als sie das Malen zu ihrer Hauptbeschäftigung machte. Die Familienferien wurden so gestaltet, daß sie in der freien Natur malen konnte, und ihre Eltern waren stets bereit, Künstler zu empfangen wie Carolus Duran und Alfred Stevens.

1868, bei einem ihrer häufigen Besuche im Louvre in Begleitung ihrer Freundin Rosalie Riesener (einer Cousine von Delacroix), wurde Berthe Morisot von dem Maler Fantin-Latour Édouard Manet vorgestellt. Schon seit einiger Zeit hatte Berthe gewünscht, Manet kennenzulernen. Sie waren einander sofort sympathisch, und diese Zuneigung sollte Bestand haben. Die Morisots und die Manets wurden bald enge Freunde; das führte nicht nur zu der Heirat Berthes mit Eugène, sondern auch zu einem fruchtbaren Austausch auf künstlerischem Gebiet, der bis zu Manets Tod 1883 anhielt. Schon 1869 saß Berthe ihm Modell für den *Balkon* und für die *Ruhepause*, dann, 1872, für ein Portrait, das Manet besonders liebte: *Berthe Morisot mit dem Veilchenstrauß*, ein Bild, das sie erwarb, als es beim Verkauf der Sammlung Duret im März 1894 in der Galerie Georges Petit versteigert wurde. Es ist heute noch in ihrem Pariser Haus zu sehen.

Genaugenommen war Berthe Morisot nie Manets Schülerin (seine einzige Schülerin war Eva Gonzalès[4]), aber die beiden blieben in ständiger Verbindung, und sein Einfluß auf ihr Werk ist nicht zu unterschätzen. Manet vermochte sie nicht davon abzubringen, sich den Impressionisten anzuschließen, die 1873 eine Gruppe gebildet hatten, da er es für ein unsinniges Unternehmen hielt. «Der Salon ist die wahre Kampfstatt; diese Grüppchen von Sonderlingen verdrießen mich über die Maßen[5]!» Aber Berthe bewunderte Monet und Degas, denen sie auf den berühmten Donnerstagabendgesellschaften ihrer Mutter begegnet war, bei denen man anregende Gespräche mit Künstlern und Schriftstellern wie Zola, Puvis de Chavannes, Zacharie Astruc und Fantin-Latour führen konnte, während Madame Manet (Julies «Tante Suzanne») Klavier spielte.

Das Jahr 1874 brachte eine Wende in Berthes Laufbahn und eine Veränderung in ihrer Beziehung zu Manet. Einige junge Künstler, darunter Monet, Renoir, Sisley und Degas (obwohl der Letztgenannte einige Vorbehalte hatte), waren übereingekommen, auf den «Salon» zu verzichten. Sie hatten eine kleine Gruppe gebildet, um ihre eigenen Ausstellungen zu organisieren. Berthe war eine der ersten, die sich zu ihnen gesellte, und sie beschloß, dem Prüfungsausschuß des offiziellen «Salons» keine Werke mehr vorzulegen. Von da an stellte sie bei allen Veranstaltungen der Impressionisten aus, ausgenommen das Jahr 1879, das auf Julies Geburt folgte.

Édouard Manet hatte an Fantin-Latour am 26. August 1868 geschrieben: «Ich bin Ihrer Meinung ... die jungen Damen Morisot sind reizend. Schade, daß sie keine Männer sind. Aber auch als Frauen könnten sie der Sache der Malerei dienen, indem jede einen akademischen Maler heiratet und unter diesen alten Knackern Zwietracht stiftet. Aber das würde einige Opferbereitschaft erfordern. Inzwischen bitte ich Sie, sie von mir zu grüßen[6].» Manet hatte keinen Grund, Berthes Talent und Entscheidung zu unterschätzen; sie arbeitete so verbissen wie ein Mann und erwies sich innerhalb der Gruppe der Impressionisten einem Monet oder Sisley als durchaus ebenbürtig. Im übrigen weiß man, daß Manet selbst große Stücke auf ihre Beurteilung seiner eigenen Werke hielt.

Berthe schloß mit Édouards jüngerem Bruder Eugène im Dezember 1874 in der Kirche Notre-Dame de Passy die Ehe. Sie war während des französisch-deutschen Krieges von 1870 mit ihren Eltern in Paris geblieben und hatte, wie alle Pariser, den anschließenden Aufstand der Kommune miterlebt. Trotz ihres schlechten Gesundheitszustandes hatte sie nicht aufgehört zu arbeiten. Sie war die einzige noch ledige Morisot-Tochter, seit Yves 1867 Théodore Gobillard, einen Steuerbeamten in Quimperlé, und Edma 1869 Adolphe Pontillon, einen Marineoffizier im Stützpunkt Lorient, geheiratet hatten. Nach dem Tode ihres Vaters im Januar 1874 zog Berthe mit ihrer Mutter in eine kleinere Wohnung in der Rue Guichard. Über Eugène ist leider wenig bekannt, außer daß er seinem Bruder oft Modell saß und für das berühmte *Frühstück im Freien* posierte. Er scheint ein ruhiger, eher unscheinbarer, kränklicher Mann gewesen zu sein und übte keinen Beruf aus, das Familienvermögen erlaubte es den Brüdern Manet, nicht zu arbeiten.

Die Heirat änderte nichts an Berthe Morisots Lebensweise und künstlerischer Tätigkeit; das Paar wohnte bei Berthes Mutter bis zu deren Tod im Jahr 1876, dann zog es in eine Wohnung in der Rue d'Eylau Nr. 9. Den Sommer verbrachte man bei den Eltern oder auf Reisen, wie den

Sommer 1875, in dem Berthe und ihr Mann England besuchten und sich einige Zeit auf der Insel Wight aufhielten. Sie arbeitete viel unterwegs, zeichnete und schuf sogar große Gemälde. Ihr Mann begleitete sie. Er fertigte selbst gern Pastellzeichnungen an, von denen nur wenige erhalten geblieben sind. Man hatte ihn eingeladen, mit den Impressionisten auf ihrer Ausstellung 1877 seine Arbeiten zu zeigen, aber bescheiden wie er war, lehnte er höflich ab. Er half jedoch, die Ausstellungen vorzubereiten (so etwa erarbeitete er den Katalog für die Ausstellung von 1874 und arrangierte das Hängen der Bilder).

Berthe Morisot war, was ihre Arbeitsbedingungen betraf, anspruchslos. Sie besaß nie ein richtiges Atelier, nicht einmal als das Paar in der Rue de Villejust (heute Rue Paul-Valéry) ein Haus bauen ließ. Sie arbeitete den ganzen Tag in einem großen Salon mit sehr hoher Decke, und wenn sie aufhörte, verbarg sie ihre Bilder und Utensilien hinter einem Paravent. Für neue Ideen und Techniken war sie immer sehr aufgeschlossen. Als zum Beispiel Julie 1888 einen Kasten mit Farbstiften geschenkt erhielt, nahm Berthe diese rasch an sich und benutzte sie als ganz persönliches Ausdrucksmittel. Sie blieb stets eine Dame des Großbürgertums und ließ sich in keiner Weise gehen, wie viele ihrer Zeitgenossen es taten. Übrigens waren ihre besten Freunde – Degas, Monet und Édouard Manet – weit von dem entfernt, was wir uns gern unter einem Künstler vorstellen: halb verhungert, unter dem Dach wohnend und ein Bohemeleben führend. Nur Renoir und Monet kannten finanzielle Probleme, aber in der Zeit, als Julie ein junges Mädchen war, führten alle ein geordnetes, arbeitsames Leben, wie es sich in der bürgerlichen Klasse gehörte.

Julies Geburt am 14. November 1878 unterbrach vorübergehend die kontinuierliche Arbeit ihrer Mutter, so daß sie im folgenden Jahr nicht mit den Impressionisten ausstellte. Vermutlich war es für die nicht sehr robuste Berthe keine Kleinigkeit gewesen, mit siebenunddreißig Jahren ein erstes Kind zu bekommen, aber sie hat es gewiß nie bereut. Was sie nicht daran hinderte, in einem humorvollen Brief an ihre Schwester Yves einige Vorbehalte über das Aussehen ihrer neugeborenen Tochter zu äußern: «Nun, ich bin wie jedermann! Ich bedaure, daß Bibi kein Junge ist. Zunächst weil sie aussieht wie einer, zum anderen weil sie einen berühmten Namen weitertragen würde und ansonsten ganz einfach deshalb, weil wir alle, Mann wie Frau, eine Vorliebe für das männliche Geschlecht haben . . . Dein Bibi ist allerliebst; die meine mit Ihrem eckigen Köpfchen wird Dir daneben häßlich vorkommen . . . Arme Julie, das einzig Hübsche an ihr sind ihre runden Bäckchen und ihre schöne Haut.» Und in einem anderen Brief an Yves: «Julie oder Rose sieht aus wie ein großer runder Ball . . . Meine Tochter ist eine Manet bis in die Fingerspitzen; schon jetzt kann man sehen, daß sie alles von ihren Onkeln hat, nichts von mir[7].» Dennoch war Julie eine Quelle der Inspiration für ihre Mutter und ihr Lieblingsmodell. Es gibt zahllose Bilder von ihr, mit jedem möglichen Gesichtsausdruck und in jeder denkbaren Haltung, vom Wickelkind in der Wiege bis zum blühenden jungen Mädchen.

Julie muß eine wunderbare Kindheit verlebt haben, insbesondere während der Sommer in Bougival, wo Berthe und ihr Mann in der Rue de la Princesse Nr. 4 ein Landhaus gemietet hatten, das sie 1881 entdeckt hatten. Die Seine-Ufer in der Umgebung von Rueil und Croissy waren bei den Impressionisten sehr beliebt: Manet in Rueil, Renoir und Sisley in Louveciennes, Pissarro in Marly. Alle gaben auf ihren Gemälden die friedvolle, zur Trägheit einladende Stimmung dessen wieder, was heute nur noch Pariser Vorstadt ist, aber damals für die Künstler ein idyllischer Zufluchtsort war.

Die Pariser haben die gesunde Gewohnheit, im Sommer die Stadt zu verlassen. Für die Familie Eugène Manet war es 1881, 1882 und 1883 sogar eine Notwendigkeit, weil sie auf einem Grundstück, das sie nicht weit vom Étoile in der Rue de Villejust erworben hatten, ein großes Wohnhaus bauen ließen. Im Erdgeschoß hatte man einen Salon mit hoher Decke, wie das Atelier eines Malers, vorgesehen (nach dem Vorbild einer Kirche in Nizza, die Berthe aufgefallen war). Er würde ihr Arbeitsraum sein; die vier Stockwerke des Hauses sollten zu verschiedenen Zeiten Julie und ihre Cousinen, Julie und ihren Ehemann, ihre Cousine Jeannie und deren Mann Paul Valéry beherbergen. Ein Sohn und Enkelkinder Julies wohnen noch heute dort.

Berthe und ihr Mann hatten endlich ausreichend Platz, um ihre Freunde und Bekannten zu empfangen, besonders diejenigen, die sich nach dem Tod ihrer Eltern Julies so liebevoll annahmen und ihre Erziehung überwachen sollten. Eugènes Gesundheit ließ sehr zu wünschen übrig, und er ging selten aus; Berthes wöchentliche Empfänge brachten ihm daher Zerstreuung und geselligen Umgang. Diese Empfänge wurden ebenso berühmt wie die Abendeinladungen ihrer Mutter, aber zu Berthes Zeit zählten zu den Gästen der symbolistische Dichter Mallarmé, Monet, Degas, Caillebotte, Renoir, Puvis de Chavannes und ab und zu sogar Whistler. Es kam auch zu Begegnungen mit Schriftstellern und Künstlern. Zu den denkwürdigsten Veranstaltungen gehörte eine Abendgesellschaft im Jahre 1890, als Mallarmé seinen berühmten Vortrag über Villiers de l'Isle-Adam[8] vor einem ausgewählten Publikum von etwa dreißig Personen hielt; darunter Henri de Régnier, Paul Dujardin, de Wyzewa, Madame Mallarmé, seine Tochter Geneviève und natürlich Julie und ihre Cousinen Paule und Jeannie Gobillard. Der Vortrag wurde sehr gut aufgenommen, außer von dem leicht reizbaren, cholerischen Degas, der seine Ungeduld nicht verbergen konnte und unter großem Gepolter den Raum verließ, wobei er vor sich hinmurmelte, daß er kein Wort verstünde[9].

Schon als kleines Mädchen durfte Julie am «Tisch der Großen» sitzen und konnte diesen herausragenden Persönlichkeiten zuhören. Auf diese Weise lernte sie bereits im zartesten Alter, die Dinge mit den Augen eines Malers zu sehen (man merkt das deutlich an ihrem Tagebuch). Ihre Mutter reiste mit ihr ins Ausland und hielt sie an, Museen und andere kulturell interessante Stätten zu besuchen. Mit acht Jahren hatte sie ihre Eltern bereits nach Italien, Belgien und Holland begleitet und einen Sommer auf Jersey verbracht. Die ständige Arbeit ihrer Mutter spornte sie zweifellos an, und sie scheint sehr früh mit Zeichnen und Malen begonnen zu haben.

1887 führte Berthe Morisot die einzige Bronzearbeit aus, die von ihr bekannt ist, eine Büste Julies, bei der sie die technische Hilfe Rodins in Anspruch nahm. Das Werk zeigt ein entschlossen blickendes Kind mit schön gerundetem Gesicht und Pferdeschwanzfrisur.

Während Julie zu einem gesunden jungen Mädchen heranwuchs, die an allem Interesse hatte, verschlechterte sich der Gesundheitszustand ihres Vaters rasch. 1880 verbrachte die Familie sechs Monate auf dem Lande in Mézy im Seine-Tal, und da die Luft ihnen gut bekam, kehrten sie im folgenden Jahr dorthin zurück. An einem Sommernachmittag entdeckten sie auf einem ihrer weiteren Spaziergänge ein hübsches Schloß aus dem 17. Jahrhundert, umgeben von Nebengebäuden und einem riesigen Park: Das Schloß Le Mesnil-Saint-Laurent zwischen Meulan und Mantes. Renoir hatte ihnen schon von diesem «Kleinod» erzählt, und Berthe und ihr Mann verliebten sich Hals über Kopf in das Anwesen. «Wir haben keineswegs ein Schloß erworben; es stand eines in der Gegend zum Verkauf, und zwar zu einem so niedrigen Preis, daß wir einen Augenblick überlegten, ob wir diese Torheit begehen sollten. Es ist ungewöhnlich hübsch. Eugène ist von dem Haus ganz verzaubert und Julie ebenso; aber wir werden vernünftig sein; das Haus in Paris ist schon genug», schrieb Berthe an Edma im August 1891. Doch am 29. September schrieb sie an Mallarmé: «Die Angelegenheit war eingeschlafen, aber jetzt wird sie wieder aufgenommen[10].» Lange Verhandlungen gingen dem Kauf voraus, und erst im Winter 1892 wurde er nach vielen Aufschüben endlich perfekt. Weder Berthe noch ihr Ehemann haben sich dort länger als einige wenige Tage aufgehalten. Nach Eugènes Tod wurde das Schloß für 2500 Franc vermietet, weil Berthe nicht mehr in Le Mesnil wohnen wollte. «Es war sicher ein glücklicher Fund, und ich bin höchst befriedigt bei dem Gedanken, daß Julie eines Tages davon profitieren und es mit ihren Kindern bevölkern wird. Aber ich selbst bin dort todtraurig und kann es kaum erwarten, von dort wieder wegzukommen[11].» Tatsächlich wurde das Schloß Le Mesnil später Julies Wohnhaus, der Mittelpunkt ihres Lebens mit ihrem Ehemann Ernest Rouart und ihren drei Söhnen.

Im Jahr 1893 verlor Julie ihren Vater. Sie hatte sehr an ihm gehangen. Berthe Morisot, die ihn während der letzten Monate seines Lebens gepflegt hatte, war außer sich vor Schmerz und kam über diesen Verlust nie wirklich hinweg. Sie schrieb an eine Freundin: «Ich beende mein Leben in der

*Berthe Morisot.* Bronzekopf Julie Manets. Es ist Berthe Morisots einzige Skulptur. Sie soll dafür Rodins Ratschläge erbeten haben.

Witwenschaft, die Sie in Ihrer Jugend kennengelernt haben, ich sage nicht in Einsamkeit, denn ich habe Julie, aber es ist trotzdem eine Art von Alleinsein, denn statt mich auszusprechen, muß ich mich zurückhalten und dem Kind den Anblick meines Schmerzes ersparen[12].» Das Portrait, das Renoir 1894 von Berthe und Julie malte, zeigt es sehr deutlich: Berthes Haar war über Nacht weiß geworden. Sie erweckt den Eindruck, als sei sie des Lebens müde und könne dem Künstler nicht ins Gesicht sehen; sie wendet den Blick ab, läßt ihrer Tochter den Vortritt, die damals sechzehn Jahre alt und außergewöhnlich hübsch war. Julies Kindheit und Jugend sollten von einer Reihe von Todesfällen unter Verwandten und Freunden überschattet werden, die den Kummer über den Tod ihres Vaters immer wieder wachriefen. In ihrem Tagebuch spricht sie mit einer für ein so junges Mädchen seltenen Reife häufig über den Tod; trotz dieser grausamen Verluste scheint sie sehr optimistisch und voller Energie gewesen zu sein.

So wurde Julie für ihre Mutter eine immer gegenwärtige traute Gefährtin. 1893 war auch das Jahr, in dem sie ihr Tagebuch zu schreiben begann. Sie bewunderte ihre Mutter grenzenlos und notierte ihre Beobachtungen und Gedanken in liebevoller Ausführlichkeit. In diesem Jahr zogen Julie und ihre Mutter aus der Rue de Villejust in eine kleinere Wohnung in der Rue Weber Nr. 10. Berthe Morisot muß um ihre angegriffene Gesundheit gewußt haben, denn im April 1892 bestellte sie Stéphane Mallarmé zu Julies Vormund und berief einen Familienrat ein, um festzulegen, wer sie aufnehmen solle, wenn ihr selbst etwas zustieße.

Der Tod ihrer Mutter 1895 kam für Julie noch plötzlicher und traf sie noch härter als der ihres Vaters, der, so weit sie sich zurückerinnern konnte, stets kränklich gewesen war.

Julie Manet (links) neben Jeannie Gobillard, die Paul Valéry die Hand gibt. Vor der Staffelei: Paule Gobillard und Ernest Rouart. Diese Photographie wurde in der dritten Etage des Hauses der Morisots, Rue de Villejust, aufgenommen. Julie, Jeannie und Paule wohnten dort nach Berthe Morisots Tod.

Als Berthe ihre Tochter pflegte, holte sie sich eine Grippe, zu der noch eine Lungenentzündung hinzukam. Sie starb am 2. März und hinterließ ihrer heißgeliebten Tochter einen bewegenden Abschiedsbrief[13].

Julie war jetzt ganz verwaist. Ihre Zukunft schien ungewiß und bedrückend, doch durch eine ungewöhnliche Lösung wandte sich ihre schwierige Situation zum Guten: Ihre Cousinen Paule und Jeannie Gobillard, die seit dem Tod ihrer Mutter Yves Morisot im Jahr 1893 allein lebten, wohnten im dritten Stockwerk des Hauses in der Rue de Villejust. Der Familienrat und Mallarmé entschieden, daß die drei jungen Mädchen mit einer von Mallarmé ausgewählten, tüchtigen Gouvernante, die die Hausgemeinschaft überwachte, zusammenleben sollten. Julie setzte ihre Studien und ihre Malerei fort und genoß alle Freiheiten, die man einem jungen Mädchen ihrer Zeit zugestehen konnte: Sie besuchte Freunde, ging ins Konzert und genoß das Pariser Leben. Als Einzelkind aufgewachsen, liebte sie ihre Cousinen zärtlich. Paule, aus der eine vollendete Künstlerin wurde, war zwölf Jahre älter als Julie, die jüngere jedoch, Jeannie, war fast gleich alt. Paule war und blieb immer das Urbild der altjüngferlichen Tante. Nachdem sie sich jahrelang um ihre junge Schwester, um Julie und um die Töchter Edma Morisots, Blanche und Jeanne Pontillon, gekümmert hatte, setzte sie, verehrt von ihren Neffen und Nichten, ihre Karriere fort.

Julies Ausbildung scheint vom Zufall geleitet gewesen zu sein. Sie und Jeannie wurden gemeinsam in verschiedenen Fächern unterrichtet; mehrere Lehrerinnen brachten ihnen die Grundlagen der französischen und der englischen Literatur bei. Berthe Morisot hatte moderne Vorstellungen von Erziehung, und was die Lektüre betraf, war sie für die «überwachte Freiheit». «An Deiner Stelle wäre ich in meiner Lektüre sehr wählerisch: nichts Dummes, nichts Sentimentales, nichts Manieriertes, sondern so viel wie möglich gutes altes Französisch. Wir alle kommen als Affen zur Welt, bevor wir wir selbst werden: Eben darin liegt die Gefahr schlechter Beispiele[14].» Julie las ungeheuer viel – im Gegensatz zu dem, was sie in ihrem Tagebuch behauptet –, vor allem Bücher, die Mallarmé, Renoir und Degas ihr empfahlen; sie scheint sich schon sehr früh Themen zugewandt zu haben, die auch die Erwachsenen interessierten – nicht überraschend bei einem Kind mit nicht mehr ganz jungen Eltern, das ständig unter Erwachsenen lebt, von denen die meisten außergewöhnliche Persönlichkeiten sind. Edgar Allan Poe gefiel ihr, aber Delacroix' «Tagebuch» fand sie recht langweilig. Berthe Morisot hatte dafür gesorgt, daß ihre Tochter eine angemessene Bildung erhielt, aber Julies Herz gehörte anderen Dingen; sie hatte sich bereits der Kunst verschrieben und wollte unbedingt eine Künstlerin werden wie ihre Mutter und die meisten ihrer Freunde. Neben den bildenden Künsten gehörte der Musik ihre große Leidenschaft.

Berthe Morisot mochte besonders klassische Musik, eine Vorliebe, die sie mit ihren Künstlerfreunden teilte. Renoir begeisterte sich für Opern, vor allem für die von Wagner. Er malte auch ein Portrait des Komponisten, den er so sehr bewunderte. Jeanne Baudot erzählt jedoch, daß er bei einem Besuch in Bayreuth im Jahr 1896 zusammen mit seinem Freund Caillebotte während der endlosen Aufführung des «Parsifal» ungeduldig wurde, sich langweilte und sogar die Kühnheit besaß, ein Streichholz zu entzünden, um auf die Uhr zu schauen[15]. Degas hatte natürlich seine Freude daran, sich ein Konzert anzuhören oder einer Ballettaufführung beizuwohnen, aber nur Mallarmé teilte wirklich Berthes Liebe zur Musik. Sie ging gewöhnlich am Sonntagnachmittag mit Julie ins Konzert, in die Lamoureux- oder in die Colonne-Konzerte. Manchmal trafen sie Mallarmé im Rang an, wo er in ein Heft, das er immer bei sich trug, viele Bemerkungen notierte. Anschließend promenierten sie über die Champs-Élysées und kommentierten die Darbietung des Nachmittags.

Selbstverständlich spielte Julie ein Musikinstrument. Sie lernte Flöte- und Klavierspielen, spielte aber auch recht gut Geige (es gibt zahlreiche Studien ihrer Mutter, die sie zeigen, wie sie ein Musikinstrument spielt).

Julie übte stundenlang Tonleitern und nahm jede Woche Stunden in Musiktheorie, Interpretation und Komposition bei entsprechend spezialisierten Lehrern. An diesem Unterricht nahm auch ihre Cousine Jeannie Gobillard teil, aus der später eine ausgezeichnete Pianistin wurde. Ihr Lieblingslehrer war wohl der junge Jules Boucherit, von dem sie oft in ihrem Tagebuch spricht, und man kann sich leicht ausmalen, daß die Fünfzehnjährige romantische Schauer überrieselten, wenn sie dem leidenschaftlichen Spiel des jungen Maestro lauschte. Die jungen Mädchen gaben für ihre Freunde oft Konzerte und musikalische Soireen, bei denen sie sich auch an schwierige Stücke wagten, aber sie zogen Berlioz, Gounod, Mendelssohn und Schumann der Avantgardemusik jener Zeit vor (Wagner stürzte Julie in Verwirrung). Auch Chabrier zählte zu ihren bevorzugten Komponisten, allerdings zweifellos aufgrund einer gewissen Beeinflussung, denn Berthe Morisot war eine seiner großen Freundinnen und Verehrerinnen. Eines steht fest: Julie blieb von Musik selten unberührt und hatte immer eine feste Meinung über die Interpretation wie über die Musik selbst.

Insgesamt macht Julie den Eindruck einer wohlinformierten jungen Dame; sie hielt sich über das aktuelle Geschehen auf dem laufenden, hörte sich interessiert an, was die Freunde ihrer Mutter dazu meinten, und zog dann daraus ihre eigenen Schlußfolgerungen. Das sieht man besonders während der Affäre Dreyfus, die 1896, ein Jahr nach dem

*Berthe Morisot.* Eine Musikstunde. Jeannie Gobillard und Julie Manet mit ihrem Lehrer Jules Boucherit

Tod ihrer Mutter, eine «cause célèbre» geworden war und Frankreich tief erschütterte.

Es ist schwer, sich vorzustellen, welchen Widerhall der Prozeß Alfred Dreyfus in allen Klassen der französischen Bevölkerung fand. Die Affare Dreyfus war der Höhepunkt von zwanzig Jahren aktivem Antisemitismus in Frankreich, gepaart mit Deutschenfeindlichkeit (nach dem deutsch-französischen Krieg 1870/71) und der Angst, Opfer fremder Invasoren zu werden. Zahlreiche Veröffentlichungen spiegeln diese Geisteshaltung wider: Drumonts Buch «La France juive», seine Zeitung «La Libre Parole» mit dem Untertitel «Frankreich den Franzosen» und das von dem antisemitischen Henri Rochefort geleitete, nicht weniger gehässige Blatt «L'Intransigeant» hatten eine große Leserschaft. Auf der anderen Seite gab es die von den Royalisten für ihre Zwecke eingespannte Bewegung der extremen Rechten des erbärmlichen Generals Boulanger und die Gründung der «Antisemitischen nationalen Liga» im Jahr 1889.

Um 1895 wurden die Franzosen mit Schlagworten bombardiert, denen zufolge alle hassenswerten Revolutionäre und alle unredlichen Bankiers Juden waren; man machte sie für alle Mißgeschicke Frankreichs seit der Niederlage von 1870 verantwortlich. Die Franzosen versuchten herauszufinden, ob die Juden tatsächlich in der Finanzwelt, unter den Intellektuellen und Wissenschaftlern des Landes eine führende Rolle spielten. Familien mit großen Namen, die sich für französischer als die Franzosen selbst hielten – die Halévys, die Hass', die Schlumbergers, die Camondos, die Ephrussis und die Rothschilds –, sahen sich plötzlich verdächtigt, so, als hätten sie nur eines im Sinn: Frankreich zu vernichten. In dieser Atmosphäre des Rassenhasses und des

Nationalismus – sie kochte bereits, könnte man sagen – beherrschte die Affäre Dreyfus in ganz Frankreich die Schlagzeilen der Zeitungen. Uns Heutigen erscheint das alles eher grotesk: Am 26. September 1894 fand eine Pariser Reinigungsfrau, die gegen Bezahlung für den französischen Nachrichtendienst regelmäßig die Papierkörbe der deutschen Botschaft durchsuchte, ein Verzeichnis mit strategischen Informationen über die französischen Truppen, die entlang der elsässischen Grenze standen. Diese Entdeckung ließ einen Geheimnisverrat von seiten eines Offiziers des Kriegsministeriums vermuten, und nach einer oberflächlichen Untersuchung fiel der Verdacht auf Hauptmann Alfred Dreyfus, einen intelligenten, aber wenig beliebten Berufsoffizier, der Elsässer und Jude war. Er wurde festgenommen, vor Gericht gestellt, des Hochverrats für schuldig befunden und im Dezember zu lebenslänglicher Verbannung auf die Teufelsinsel verurteilt. Die Mehrheit der Franzosen zollte den Richtern Beifall und billigte die harte Strafe, aber seine Familie und zahlreiche Intellektuelle glaubten an seine Unschuld und erklärten, daß er auf äußerst magere Beweise hin verurteilt worden war. Als 1896 der Schuldbeweis eines anderen Offiziers, Esterhazy, an den Tag kam, starteten die Dreyfus-Anhänger, einschließlich Monet und seiner Freunde Clemenceau und Emile Zola, einen Propagandafeldzug großen Umfangs, um die Revision seines Prozesses zu fordern.

Aber trotz der gegen Esterhazy erhobenen Anschuldigungen wurde dieser im Januar 1898 vom Militärgericht freigesprochen. Gegen diese Entscheidung protestierte Zola, indem er in Clemenceaus Zeitung «L'Aurore» am 13. Januar seinen berühmten Brief «J'accuse» veröffentlichte. Er warf der Armee vor, die Beweise für Dreyfus' Unschuld verheimlicht und eine Verurteilung Esterhazys unterlassen zu haben. Dieses Vorgehen trug Zola und dem Geschäftsführer der Zeitung einen Prozeß ein; sie wurden der üblen Nachrede für schuldig befunden. Auf den Rat seiner Freunde hin floh Zola nach England.

Das Land war in zwei Lager geteilt: Die Dreyfusisten traten für die Revision des Prozesses ein und waren überzeugt, daß ein Unschuldiger ins Gefängnis geschickt worden war; unter ihnen Monet, Proust, Jacques-Émile Blanche, Thadée Natanson, Pissarro und natürlich Zola. Zu den Antidreyfusisten gehörten Degas, Paul Valéry, Alexis Rouart, Henri Rouart und seine vier Söhne, Forain und Cézanne und viele andere, die, einige aus Naivität, Nationalisten waren, sich aber in erster Linie leidenschaftlich als Franzosen fühlten. Es kam zu schrecklichen Streitigkeiten: Degas zum Beispiel überwarf sich mit den Halévys, den Camondos und vielen anderen alten Freunden. Renoir «arrangierte sich und blieb neutral[16]». In seinem Buch «Pierre-Auguste Renoir, mon père»[17] zitiert sein Sohn Jean seine Worte: «Die ewig gleichen Lager, nur die Namen wechseln von Jahrhundert zu Jahrhundert: Protestanten gegen Katholiken, Republikaner gegen Monarchisten, Kommunarden gegen Versailler. Der alte Streit erwacht jetzt wieder. Man ist Dreyfusist oder Antidreyfusist. Ich selbst möchte gern versuchen, einfach nur Franzose zu sein.» Wie jedoch aus Julies Tagebuch herauszulesen ist, schob Renoir sehr offen die Schuld den französischen Juden zu.

Die Familie Manet scheint in der Tat von Antidreyfusisten umgeben gewesen zu sein. Daher überrascht es also nicht, daß Julie abfällige Bemerkungen über Pissarro, der für Dreyfus und selbst Jude war, sowie die vorgefaßten Meinungen gegen Dreyfus, die Degas «Freunde» von sich gaben, festhielt. Bemerkenswert ist jedoch an einer Stelle ihr Hinweis, daß es unverzeihlich wäre, wenn das französische Volk einen Unschuldigen verurteilt hätte.

Aus einer ganz anderen geistigen Grundeinstellung erzählt Julie vom Staatsbesuch des Zaren Nikolaus II. und der Zarin in Paris im Jahr 1896. Sie beschreibt den festlichen Rahmen, die von der Pariser Bevölkerung anläßlich dieses Ereignisses veranstalteten Festlichkeiten und wie sehr ihr das Feuerwerk gefallen habe, das, wie es scheint, das aufwendigste war, das man bisher in der Hauptstadt zu sehen bekommen hatte. Ohne sich vom Prunk und vom Zeremoniell dieses Besuches beeindrucken zu lassen, berichtet Julie mit viel Humor und Scharfblick ausführlich über alle Einzelheiten.

Nach dem, was in Julies Tagebuch steht, waren die Freunde ihrer Eltern pflichtbewußte und großzügige Leute, auf die sich die Cousinen verlassen konnten, sowohl was ihr Leben in der Gesellschaft wie auch ihre weitere Ausbildung betraf. Trotz seines seriösen Äußeren eines Intellektuellen war Mallarmé ein amüsanter Gesprächspartner. Er hatte in Berthe Morisot eine wundervolle Freundin gefunden und hielt sich nach ihrem Tode an sein Versprechen, Julies Vormund zu sein. Auch seine Frau und seine Tochter Geneviève kümmerten sich um die drei, er hingegen schickte Julie Vierzeiler, führte sie ins Konzert und lud sie in sein Landhaus in Valvins an der Seine ein. Es war daher ein furchtbarer Schlag für sie, als er 1898 überraschend starb. Julie brach fast das Herz über diesem Verlust, aber sie bemühte sich, Mallarmés Witwe und vor allem ihre geliebte Freundin Geneviève zu trösten.

Blieben noch Monet, Degas und natürlich Renoir, der Julie einige Monate nach Berthes Tod zusammen mit seiner

Familie in Ferien in die Bretagne mitgenommen hatte. Zu der Zeit, da Julie Waise wurde, hatte Renoir endlich Aline Charigot geheiratet (am 14. April 1890) und ihren Sohn Pierre (geboren 1885) anerkannt. Er hatte Aline schon 1880 kennengelernt (sie stammte aus einem kleinen Dorf aus der Gegend zwischen der Champagne und Burgund, Essoyes, wo sie Schneiderin gewesen war), doch da er Wert darauf legte, unabhängig zu sein, hatte er, allein oder zusammen mit Freunden, weiterhin verschiedene Länder Europas und Nordafrikas bereist. Nach der Geburt ihres zweiten Sohnes Jean, 1890, scheint er eine beständigere Lebensweise angenommen zu haben und lebte entweder in seinem Pariser Haus (das Nebelschloß genannt) in der Rue Girardon Nr. 13, in Südfrankreich (wo er Cézanne traf) und später in Essoyes. 1893 hatte er Jeanne Baudot, die Tochter eines Arztes, kennengelernt, die seine Freundin und Schülerin wurde. Sie war auch Jeans Patin. Natürlich hatte er Jeanne Julie und ihren Cousinen vorgestellt; die jungen Mädchen arbeiteten zusammen im Louvre und waren dankbar für die Ratschläge des Meisters. Julie malte mehrere Bilder von Jeanne, und sie blieben einander ihr ganzes Leben lang eng verbunden.

Von allen Freunden, die sich nach dem Tod ihrer Eltern Julies annahmen, war Renoir der fröhlichste und vergnügungssüchtigste. Er liebte es, Julie zu necken, so wie Mallarmé es getan hatte. Stets hatte er Zeit für sie, wenn sie Hilfe oder einen Rat brauchte, zudem war er weniger streng und weniger moralisierend als Degas.

Julie hielt sich mehrere Male bei den Monets in Giverny auf. Der Maler wohnte dort mit seiner zweiten Frau Alice Hoschedé, und das Haus war immer voll von ihrer beider Kinder und Enkelkinder. Die Räume waren dem modernen

Geschmack gemäß sparsam möbliert und die Wände in lebhaften leuchtenden Farben gestrichen, die Monets Sammlung – japanische Graphiken, Keramik, Orientteppiche – wunderbar zur Geltung brachten. Seltsamerweise hatte Monet in das Badezimmer einen Cézanne, vier Jongkinds, drei Delacroix', einen Degas und einen Fantin-Latour, zwei Caillebottes, drei Pissarros und einen Sisley gehängt. Herkömmlichere Stellen hingegen hatte er gewählt für zwölf Cézannes, neun Renoirs und fünf Berthe Morisots. In Monets «Atelier», wo er niemals malte, befand sich eine Sammlung seiner eigenen Werke, die seinen verschiedenen Perioden entstammten[18]. Man kann sich vorstellen, daß sich Julie gerne in Giverny aufhielt und daß sie sich in Gesellschaft der anderen Gäste – Rodin, Sargent, Durand-Ruel, Natanson, den Bernheims, Clemenceau und anderen – wohl fühlte. Man unterhielt sich vermutlich über Essen, Weine und vor allem über den Garten, der den ganzen Sommer lang Monets Hauptbeschäftigung war.

Ganz bestimmt erregte sich die Hausgemeinschaft in Giverny über die Affäre Dreyfus, denn Monet war ein glühender Dreyfusist und stand, im Gegensatz zu den meisten Bekannten Berthe Morisots, auf Zolas Seite.

Der erbittertste Dreyfusgegner scheint Degas gewesen zu sein. Gegen Ende seines Lebens zog er sich ganz von der Welt zurück, aber er sah Julie oft und empfing sie mit ihren Cousinen und ihren Freunden. Er wohnte in der Rue Victor-Massé zusammen mit seiner Haushälterin Zoe, die für seine Gäste (darunter Julie, die übrigens eines dieser Abendessen in ihrem Tagebuch beschreibt) einfache, aber reichliche Mahlzeiten zubereitete. Im Alter wurde Degas zunehmend schwierig und griesgrämig. Er kritisierte die neuen Erfindungen, wie etwa die Flugzeuge und selbst die Fahrräder;

das Telephon fand er «lächerlich», er haßte Hunde und vor allem Blumen (es war mehr ihr Duft als die Farbe, was ihm mißfiel). Julie liebte Degas, wie man einen eigensinnigen altmodischen Onkel liebt. Von ihm empfing sie Ratschläge, und bei ihm lernte sie den Mann kennen, der ihr Ehemann werden sollte: Ernest Rouart. Eines Nachmittags, Ende 1898, lud er Julie zum Tee mit Ernest ein, der einer seiner Schüler war. Zum Spaß sagte Degas, sie täten gut daran, einander zu heiraten, und wie wir aus Julies Tagebuch erfahren, wurde das, was als Scherz gedacht war, später Wirklichkeit.

Degas schrieb 1900 nach der Verlobung des Paares: «Nachdem er zuerst schüchtern und kühl gewesen war, benimmt Ernest sich nun ungezwungen und herzlich. Mittwoch, gegen Viertel nach sieben, kam er zu Fuß bei seinem Onkel Alexis an und wirkte richtiggehend verheiratet, es war zum Totlachen. ‹Schon jetzt?› fragte ich ihn. Und das Unglaubliche ist, daß Julie, die gewöhnlich den Mund nicht öfter aufmacht als er, ebenfalls entspannt zu sein schien. Wie Monsieur Prudhomme sagen würde: Es ist erstaunlich zu sehen, wie sehr die Männer und die Frauen füreinander geschaffen sind[19].»

Degas hatte in der Tat allen Grund, sich über seine Erfolge als Ehestifter zu freuen. Ein paar Wochen nach diesem Brief verlobte sich Paul Valéry auf einer Abendgesellschaft, auf der Pablo Casals Cello spielte, mit Julies Lieblingscousine Jeannie Gobillard. Im Mai 1900 fand in der Pfarrkirche Saint-Honoré d'Eylau im Stadtviertel Passy eine Doppelhochzeit statt: Julie schloß die Ehe mit Ernest Rouart und Jeannie mit Paul Valéry.

*Rosalind de Boland Roberts*
*und Jane Roberts*

# 1893

*Julie beginnt ihr Tagebuch · Berthe Morisot und Julie fahren in die Ferien nach Fontainebleau zu den Mallarmés · Julie lernt Camille Mauclair kennen · Spazierfahrt im Wagen mit Laërte · Berthe Morisot im Boot mit Stéphane Mallarmé · In Paris Wiederaufnahme der Malerei · Besuch bei Tante Suzanne · Ein unangenehmer Vorfall · Bei Durand-Ruel · Renoirs Atelier · Noch ein Besuch bei Mallarmé · Der Onkel-Pate · Musik · Die Russen feiern das französisch-russische Bündnis · Beerdigung des Marschalls Mac-Mahon · Besuch in Giverny · Julie erinnert sich an ihren Vater · Marie Bashkirtseff · Im Louvre*

Ich habe oft Lust gehabt, ein Tagebuch zu führen. Ich möchte es jetzt beginnen. Es erscheint mir ein wenig spät, doch je länger ich warte, desto später wird es, und schließlich bin ich erst vierzehn Jahre alt.»

*Donnerstag, 24. August 1893*

Morgens Vorbereitungen für die Abfahrt nach Fontainebleau. Aufbruch um zwei Uhr, fuhren quer durch Paris zur Gare de Lyon, Octavie kam mit, um Laërte zurückzubringen, für den Fall, daß wir ihn im Zug nicht mitnehmen dürften; aber wir fanden ein Abteil für Reisende mit Hunden. Die Bahn setzte sich in Bewegung, passierte Charenton. Blick auf die Marne, die eine reizende Farbe hatte, ein wenig Grün, dann einen kleinen See oder Teich, so blau wie das Mittelmeer.

Ankunft in Fontainebleau um halb fünf. Wir ließen unsere Sachen im Hotel von Valvins und gingen zu Monsieur Mallarmé, der auf der anderen Seite der Brücke wohnt, denn

Mallarmé im Alter
von 43 Jahren

das Hotel von Valvins-les-Bains, wie man es nennt, steht am Seine-Ufer. Monsieur Mallarmé führte uns zum Waldrand, wo sich Madame und Mademoiselle Mallarmé aufhielten; dort blieben wir bis zum Abendessen. Aßen im Freien vor dem Gasthof unter Bäumen am Ufer der Seine. Schlief in einem kleinen Zimmer mit Blick auf die Seine.

*Sonntag, 27. August*

Wir fuhren in einem wunderschönen viersitzigen Wagen mit kleinen weißen Seidenkissen nach Valvins zurück. Am Nachmittag arbeiteten wir weiter an unserem «Blick» aus dem Fenster; dann gegen fünf Uhr, gingen wir aus. Auf der

Mallarmés deutschstämmige Frau Marie Gerhard. Dieses Photo entstand Ende der sechziger Jahre des 19. Jahrhunderts, als Mallarmé in Avignon Englisch unterrichtete.

Straße, die zum Gasthof hinunterführt, trafen wir Monsieur Mallarmé mit zwei jungen Männern, die ihm einen Besuch machten, der eine ein Schauspieler und Freund Rossignols, der andere, Camille Mauclair, sehr gut aussehend, mit einem Haarbusch über der Stirn. Monsieur Mallarmé brachte sie zur Straße nach Fontainebleau zurück, dann setzten wir uns mit ihm auf eine Bank vor seinem Haus. Madame und Mademoiselle Mallarmé waren in ihrem kleinen Wagen mit einem Pferd, das sie für den Tag gemietet hatten, nach Samois gefahren, um einen Besuch zu machen. Als Mademoiselle Geneviève heimkam, ging ich ein wenig mit ihr spazieren, sie führte mich nach Vulaines; es gibt viele Blumen in diesem Dorf, die Kirche ist von Wacholdersträuchern, kleinen Tannen und Laubbäumen umgeben. Für den Rückweg wählten wir eine Straße, die durch Weinberge führt, von denen aus man einen sehr schönen Blick auf den Wald hat; sie trug ein Kleid mit kleinen grünlichen Karos und einen großen Hut mit Bändern.

Zum Abendessen kehrten Maman und ich in den Gasthof zurück. Wir befürchteten, daß viele Leute da wären wie am Freitag, als junge Leute am Flußufer zu Abend aßen, die ganze Zeit falsch sangen, viel Lärm machten und zwischen jedem Gang schrecklich schlecht Horn spielten; es wird nämlich sehr langsam serviert, und gestern geschah es sogar, daß man uns nicht gab, was auf der Speisekarte stand; aber Maman beschwerte sich bei der Wirtin und jetzt werden wir besser bedient. Von meinem Bett aus beobachtete ich ein Feuerwerk, das auf der anderen Seite der Seine abgebrannt wurde.

*Berthe Morisot und ihre Tochter verbringen in Valvins die meiste Zeit mit Malen und mit Spaziergängen oder -fahrten zusammen mit der Familie Mallarmé.*

*Mittwoch, 30. August*

Vormittags malten wir im Wald nahe der Straße, wo wir gestern waren. Nach dem Mittagessen holten wir Monsieur, Madame und Mademoiselle Mallarmé mit dem Wagen ab. Maman, Monsieur und Madame Mallarmé stiegen in den großen Wagen, und ich fuhr mit Mademoiselle Geneviève in dem ihren; sie hat gestern für einen Monat ein ganz liebes Pferd gemietet. Zuerst hatten wir Laërte bei uns, aber er jaulte entsetzlich und fuhr dann im großen Wagen mit. Es war eine sehr schöne Spazierfahrt. Zuerst fuhren wir zum

Aussichtspunkt der Reine-Amélie, von wo aus man einen hübschen Blick auf einen großen Teil des Waldes von Fontainebleau hat, danach zur Kalvarienkapelle von Roche Éponge, von wo aus man Fontainebleau sieht. Wir rollten über Straßen, die von sehr schönen Bäumen gesäumt sind. Nachdem wir über den Mont Chauvet gefahren waren und den Rennplatz gesehen hatten, fuhren wir zu den großen Felsen hinunter. Monsieur Mallarmé hatte etwas zum Vespern mitgenommen, unter anderem Kekse, die Mademoiselle Geneviève gebacken hatte und die sehr gut sind.

Wir kamen durch sehr schöne Waldstücke mit hohen Buchen. Die Straßen, auf denen wir zurückfuhren, waren sandig und für die Pferde mühsam.

Laërte war recht unruhig, bei jeder Straßenbiegung schaute er, ob unser Wagen auch wirklich folgte, von ferne konnte man ihn kaum erkennen, er sah aus wie ein Vogel. Ich fuhr bis zum Schluß mit Mademoiselle Geneviève, versuchte dann mit ihr zusammen das Pferd auszuspannen, aber viel geholfen habe ich ihr nicht. Danach hat sie mich zurückgefahren. Sie ist wirklich sehr liebenswürdig, sie unterhält sich viel mit mir und scheint es nicht unter ihrer Würde zu halten, sich mit einer Vierzehnjährigen abzugeben. Einmal sagte sie sogar, ich solle sie Geneviève nennen. Laërte, der sie sehr liebt, wollte mit ihr fahren. Als er Maman heimkommen hörte, wäre er fast aus dem Fenster gesprungen. Ich glaube, daß er durch die Spazierfahrt nicht mehr ganz normal ist.

*Donnerstag, 31. August*

Morgens im Wald gemalt. Am Nachmittag kam Monsieur Mallarmé, um Maman zu einer Bootsfahrt abzuholen. Maman war einverstanden. Monsieur Mallarmés Boot ist sehr schön, und das Segel hat eine hübsche Form, mit einer kleinen Fahne an der Spitze, auf der S. M. steht.

*Freitag, 1. September*

Heute vormittag haben wir einen ganz entzückenden Spaziergang gemacht. Wir sind nach Thomery gegangen, folgten dabei der Seine, zeitweise unter Bäumen, dann wieder über sonnige Wiesen mit Herbstzeitlosen, Malven, Minze und anderen hübschen Blumen. Wir kamen durch ein großes Landgut, wo herrliche Bäume stehen. Neben dem Pfad, auf dem wir gingen, spiegelten sich Weiden in der Seine, in der Seerosen und andere Wasserblumen wachsen. Gegenüber erblickte man Samoreau und seine kleine Anhöhe.

Wir gingen denselben Weg zurück, den wir gekommen waren, und ich brachte einen sehr schönen Blumenstrauß mit nach Hause. Nachmittags hat es ein wenig geregnet, und wir malten an unseren Fenstern Aquarelle. Maman malte zwei sehr niedliche blonde Schwestern, die ältere ist vielleicht sechzehn und die andere elf Jahre alt. Die erste ist immer ganz in Blau gehalten, die zweite in Rosa. Sie tragen eine Tellermütze oder einen großen, sehr hübschen Strohhut und scheinen ihren Vater anzuhimmeln, während die Mutter den ganzen Tag angelt und aussieht, als ob sie nur an ihre Fische dächte.

*Samstag, 2. September*

Am Vormittag haben wir unsere Waldstudien beendet. Nachmittags fuhren wir mit Monsieur und Mademoiselle Mallarmé in ihrem kleinen Wagen zum Schloß Fontainebleau. Es war recht unbequem zu viert, die hintere Bank, auf der ich mit Mademoiselle Mallarmé saß, kippte oft um. Wir besichtigten das Schloß eingehend, Monsieur Mallarmé

Mallarmés Boot auf der Seine: Mallarmé steht rechts von Thadée Natanson (von Julie Manet aufgenommen). Diese Szene ist ein häufiges Motiv Berthe Morisots und ihrer Tochter.

kennt den Kustos. Zuerst führte man uns in die Gemächer Napoleons I., wo es sehr schöne Räume gibt. Besonders hübsch ist der Ratssaal, der von Boucher und Van Loo mit blau und rosa Camaieu auf Paneelen und Deckengemälden ausgeschmückt wurde, in der Mitte ist ein Apoll von Boucher, umgeben von Amoretten, dargestellt. Die Fenster sind rund.

*Es folgt eine ausführliche Beschreibung des Schlosses, der Salons und Gemächer, Möbel und Wandbehänge und Dekors. Besonders beeindruckt ist Julie vom Ratszimmer mit seinen blauen und rosa Camaieu auf dem Täfelwerk und seiner Deckenmalerei, Werke von Boucher und Van Loo. Vor allem hat es ihr eine Allegorie der Liebe angetan.*

*Sonntag, 3. September*

Wir haben heute vormittag einen Spaziergang über die Felder unternommen, das Wetter war recht scheußlich und trist. Nachmittags blieben wir im Gasthof und malten, ich habe aus dem Gedächtnis die Brücke von Valvins, dann das Feuerwerk gemalt. Danach gingen wir zu Monsieur Mallarmé, er war in seinem Arbeitszimmer, das sehr hübsch ausgestattet ist, mit Matten und japanischen Dingen, außerdem mit einem braunen Stoff mit Rosen. Da wir dem Onkel-Paten einen Korb mit Trauben schicken wollten, führte uns Madame Mallarmé zu einer Bäuerin, Madame Badet, die uns sagte, wir sollten morgen wiederkommen und zuschauen, wie die Trauben gepflückt werden.

*Montag, 4. September*

Heute vormittag haben wir die Cassepot-Felsen aquarelliert, und ich brauchte viel Bleirot für die ausgedörrten Bäume.

Vor dem Mittagessen packten wir unseren Koffer, danach gingen wir zu Monsieur Mallarmé, dann zu Madame Badet; ihre Weintrauben sind sehr schön. Monsieur und Mademoiselle Mallarmé begleiteten uns bis zum Gasthof und blieben, bis wir mit einem Wagen abfuhren, dessen Pferd aussah wie ein Skelett. Wir nahmen einen Schnellzug und waren recht schnell in Paris; nahmen eine Droschke, fuhren an einem sehr schönen alten Haus vorbei, das an den Kais liegt.

*Donnerstag, 7. September*

Besuchten Tante Suzanne [Suzanne Leenhoff, Édouard Manets Frau] in Gennevilliers; ich glaube, es geht ihr besser. Ich hatte Laërte mitgenommen, damit er Follette kennenlernt, die noch häßlicher ist, als ich dachte. Wir blieben nicht sehr lange bei Tante Suzanne, denn wir waren mit dem Wagen gekommen und fuhren auch damit zurück.

Als wir aus Gennevilliers zurück waren, gingen wir mit unseren Farbkreiden in den Bois [de Boulogne]. Am Eingang des Bois begegneten wir dem Onkel-Paten [Monsieur de Jouy, einem Magistratsbeamten] in seinem Wagen. Wir begannen Leute zu zeichnen, die auf der Straße vorübergingen; die Straße führt rund um den See; wir saßen auf dem Rasen ganz nahe bei der Straße, auf der Seite des Pré-Catelan, Maman und ich, wir waren nicht weit voneinander entfernt, die Tasche stand zwischen uns am Boden, Laërte saß davor. Plötzlich näherte sich uns ein Mann in Schwarz mit einem boshaften, ganz gelben Gesicht, streichelte Laerte, dann riß das Scheusal die Tasche an sich und flüchtete in Richtung Pré-Catelan. Wir schrien laut; Maman hatte ihm gleich ihr Taschenmesser und ihre Handschuhe an den Kopf geworfen, ohne es zu merken. Natürlich war in diesem Augenblick niemand auf der Straße. Ich habe dieses Abenteuer einem

Mann von einem Restaurant erzählt, der nur dämlich darauf sagte: «Das stimmt!» In der Tasche war Mamans Geldbörse mit nur 6,50 Franc, aber, was sehr ärgerlich ist, auch der Schlüsselbund mit den beiden Hausschlüsseln und den Schlüsseln für den Silberschrank und den Sekretär, in dem das Geld und der Schmuck aufbewahrt werden. Wir waren empört über diesen Mann; ich war offenbar kreideweiß und merkte, wie ich zitterte. Maman sprach mit einem Aufseher, der sich am Rand des Sees aufhielt; zuerst sagte er, daß er für die Wiese, wo wir gewesen waren, nicht zuständig sei, dann notierte er unsere Adresse, und wir beschrieben ihm den Dieb. Auf dem Rückweg sprach Maman noch mit Schutzmännern, und jemand, der die Geschichte hörte, sagte zu Maman im Zusammenhang mit dem Dieb: «Sie kannten ihn.»

*Freitag, 8. September*

Vormittags habe ich für Maman posiert, die mein Portrait malt. Nachmittags sind wir zu Monsieur Durand-Ruel gegangen, bei dem eine Menge Bilder hängen, die ich alle kannte, außer drei von Puvis de Chavannes.

Da wir gehört hatten, daß Monsieur Renoir in Paris ist, stiegen wir den Montmartre hinauf, wo sein Haus steht. Man hat von dort aus einen sehr schönen Blick. Monsieur und Madame Renoir waren ausgegangen, aber Pierre empfing uns sehr liebenswürdig im Garten. Er wollte uns die Bilder seines Vaters zeigen, dann sagte er, daß er jetzt zwei Ateliers habe, eines ein Stück weiter unten auf dem Montmartre, das andere bei sich zu Hause, für den Fall, daß er einmal Schnupfen hätte. Nach einer Weile kam Madame Renoir nach Hause, sie ging mit uns in das Atelier hinauf und zeigte uns die Landschaften, die Monsieur Renoir in der Bretagne gemalt hat. Im ersten Augenblick wirkten sie sonderbar, man sieht auf ihnen immer eine Menge Sonne und Bäume, die er mit Lack, Smaragdgrün und Antimongelb gemacht hat; wenn man sie länger betrachtet, findet man sie schön. Monsieur Renoir kam spät zurück und begleitete uns bis an den Fuß des Montmartre. Es war spät, sieben Uhr vorbei, wir hatten uns mehr als zwei Stunden bei ihm aufgehalten. Er soll morgen zum Abendessen kommen.

*Samstag, 9. September*

Maman hat einen großen Teil des Vormittags an meinem Portrait gearbeitet. Während des Tages sind wir mit dem Boot nach Suresnes zu Monsieur Fermé gefahren. Die Seine war sehr schön, ebenso Saint-Cloud, das man an seinem Glockenturm so gut erkennen kann. Wir kehrten zu Fuß durch den Bois zurück, man sah lauter Hochzeitsgesellschaften. Es war sehr komisch, all diesen einfachen Leuten schien es einen Riesenspaß zu machen, einmal in ihrem Leben mit einem Wagen durch den Bois de Boulogne zu kutschieren.

Nicht weit vom Rennplatz Longchamps, den Onkel Édouard mit Saint-Cloud im Hintergrund so gut dargestellt hat, setzten wir uns eine Weile hin. Wir sahen Doktor Evans vorüberfahren, der immer sehr freundlich dreinblickt. Als wir die Avenue des Acacias zurückgingen, sahen wir die wenigen Angehörigen der feinen Gesellschaft, die in Paris geblieben sind.

Monsieur Renoir kam sehr spät zum Abendessen, Wagners Portrait unter dem Arm; er war bei Madame de Bonnières gewesen und hatte sich in den Straßen rund um den Invalidendom verlaufen. Er hatte das Wagner-Portrait bei sich, weil ein Herr ihn um eine Kopie gebeten hat, und er weiß nicht, wie er die machen soll. Nach dem Abendessen sahen wir uns dieses Portrait an, das wirklich sehr schön ist.

Renoirs Atelier auf dem Montmartre, «Nebelschloß» genannt

Maman erzählte Monsieur Renoir von Valvins, er sagte, er würde das nächstemal mit uns kommen, wenn wir keine Einladung aus dem Limousin bekommen hätten und deshalb wieder dort hinführen. Auch er war einmal von Monsieur Haviland, Mademoiselle Burtys Ehemann, halb eingeladen worden, ins Limousin zu fahren.

Monsieur Renoir ist von Delacroix' «Journal» ebenfalls nicht sonderlich begeistert.

*Samstag, 7. Oktober*

Jeanne und Blanche [Julies Cousinen, Töchter Edma Morisots und Adolphe Pontillons] waren zum Mittagessen da, und ich ging mit ihnen spazieren. Sie scheinen betrübt darüber, in Paris zu sein. Sie wohnen in der Rue Mignard.

*Freitag, 13. Oktober*

Maman arbeitet heute vormittag an meinem Portrait, auf dem ich Geige spiele, und ich saß ihr zwei Stunden.

Nach dem Mittagessen holten wir Paule und Jeannie [Julies andere Cousinen, die Töchter Yves Morisots und Théodore Gobillards] ab, damit sie den Tag mit uns verbringen und bei uns zu Abend essen.

Jeannie und ich kopierten Onkel Édouards Portrait von Opapa und Omama. Ich habe diese Kopie im Frühjahr begonnen und komme nicht weiter damit. Abends haben wir im Salon ein Feuer angezündet, Paule und Jeannie sind ziemlich spät weggegangen.

Jeannie liest gerade die Lebensgeschichte Villiers de l'Isle-Adams, ihr Vetter hat über ihn ein Stück geschrieben, sie hat mir Passagen daraus erzählt, die ich recht komisch finde.

*Mittwoch, 18. Oktober*

Mit Blanche und Jeannie Geige gespielt, es war ziemlich scheußlich. Blanche spielt gut, aber ihrem Spiel fehlt die Großzügigkeit.

Ich habe heute noch nichts getan, mir scheint, die Tage sind zu kurz. Ich habe mir vorgenommen, morgen früher aufzustehen, zu arbeiten und nett zu Maman zu sein. Ich werde mehr Geige üben, viele Tonleitern spielen und darauf achten, nicht nachlässig zu spielen, ich hasse das.

*Freitag, 20. Oktober*

Monsieur, Madame Renoir und Pierre sind zum Mittagessen gekommen, um die Russen auf der Avenue du Bois vorüberziehen zu sehen. Sie haben lange auf sich warten lassen, und ihr Anblick bot kein besonderes Vergnügen. Wir aßen erst um halb zwei Mittag. Es waren nicht sehr viele Leute auf der Straße. Arbeiter in weißen Kitteln waren auf Leitern gestiegen, sie sahen aus wie Statuen. Ein paar Männer hatten eine Art Schubkarren mitgebracht und riefen: «Ein Franc der Platz im Wagen!» Es gab nicht viele Rufe «Es lebe Rußland». Da wir erst nach halb drei Uhr mit dem Mittagessen fertig waren, tranken wir abends nur eine Tasse Schokolade und gingen ziemlich früh schlafen.

*Sonntag, 22. Oktober*

Ich war heute mit Paule, Jeannie und Marcel bei den Begräbnisfeierlichkeiten für Marschall Mac-Mahon. Wir kamen ein bißchen spät; aber trotzdem fanden wir Plätze auf den Brettern, die man über Kisten gelegt hatte, so daß wir den ganzen Platz vor dem Invalidendom überblicken konnten, wo die Truppen nacheinander am Leichnam Mac-Mahons vorbeidefilierten, während die Pariser Schutzleute die

Menge zurückhielten und ab und zu tätlich wurden. Die Zeremonie war sehr schön, am Napoleontor war eine schwarze Draperie mit einfachen Silberfransen angebracht, man sah die Waffe des Marschalls und rundherum Fahnen. Das Gitter davor war ebenfalls mit Fahnen geschmückt, und der Leichnam Marschall Mac-Mahons mit einer großen schwarzen Fahne bedeckt, war ganz in der Nähe. Davor General Lancier, der die Truppenparade abnahm. Er saß auf einem sehr schönen Pferd, und sein Hut mit den weißen Federn war weithin zu erkennen.

Die Leute, die sich auf Leitern und auf Brettern gestellt hatten, wollten nur eines: Die Russen sehen. Sie hielten die Franzosen für Russen. Als diese kamen, schrien ein paar Jungens: «Die Russen sollen hoch leben!» Dann hoben die Ehemänner ihre Frauen mit den Armen in die Höhe, damit sie sie sehen konnten. Langsam schritten die hohen Beamten in ihren roten oder schwarzen Roben vorüber. Wir konnten die Kränze sehen; die der Franzosen aus Rosen, Dahlien, Heliotrop, Gartenmargeriten und Nelken waren besonders schön. Auch der von der englischen Königin aus Parmaveilchen war recht hübsch.

Marschall Mac-Mahon hatte ein seiner würdiges Begräbnis, ich habe nie eine so eindrucksvolle Feier gesehen. Der schlichte Sarg wurde von sechs Pferden gezogen, die schwarze Federbüsche auf dem Kopf trugen. Die Gaslaternen waren angezündet und mit Trauerschleiern verhüllt, sie machten sich sehr gut. Der Tag war schön, die Sonne mild.

*Montag, 30. Oktober*

Heute morgen sind wir ganz früh nach Giverny gefahren. Den ganzen Tag Regen. Monsieur Monet zeigte uns seine

Kathedralen. Es sind sechsundzwanzig, alle großartig, einige ganz violett, andere weiß, gelb, mit blauem Himmel, rosa mit einem grünlichen Himmel, dann eine im Nebel, zwei oder drei mit dem unteren Teil im Schatten und mit hellem Sonnenlicht auf den Türmen. Diese wunderbar gezeichneten Kathedralen bestehen aus Blöcken, und trotzdem erkennt man daran jede Einzelheit; sie sind dermaßen luftig. Ich glaube, es ist ziemlich schwierig, nicht alle Einzelheiten zu zeichnen. Aus diesen Bildern von Monsieur Monet kann man sehr viel lernen.

Das Haus hat sich verändert, seit wir das letztemal in Giverny waren. Monsieur Monet hat sich über dem Atelier ein Zimmer ausbauen lassen, mit großen Fenstern, Türen und einem Parkett aus Pitchpine-Holz und weißen Tapeten. In diesem Raum hängen viele Bilder, unter anderem: *Isabelle beim Kämmen*, *Gabrielle mit der Schale*, *Cocotte mit Hut*, ein Pastell von Maman, ein Pastell von Onkel Édouard, ein sehr schöner weiblicher Akt von Monsieur Renoir, ein paar Pissarros und viele mehr.

Madame Monets Zimmer ist blau getäfelt, die von Mademoiselle Blanche und von Mademoiselle Germaine sind violett. Mademoiselle Marthes Zimmer haben wir nicht gesehen. Mademoiselle Blanche hat uns einige ihrer Bilder gezeigt, die schöne Farben haben; zwei von den Bäumen, die sich in der Epte spiegeln, ähneln im Stil den Gemälden von Monsieur Monet.

Der Salon hat eine violette Täfelung, es hängen viele japanische Stiche darin, ebenso im Eßzimmer, das ganz in

Claude Monet in seinem «Studio» in Giverny. Er malte nie darin, sondern hängte nur zahlreiche, für seine verschiedenen Schaffensperioden und Richtungen repräsentative Bilder auf (siehe S. 21).

Gelb gehalten ist. Unter Pappeln gingen wir zum Glashaus, wo wunderbare Chrysanthemen wachsen. Dann haben wir uns den Teich angesehen, über den eine grüne Brücke in japanischem Stil führt.

Monsieur und Madame Butler kamen, ihr kleiner Junge ist sehr lieb, er wollte mich die ganze Zeit an den Haaren ziehen; er ist sechs Monate alt.

Vor dem Abendessen fuhren wir nach Hause, es regnete immer noch. Der Zug fuhr die neue Strecke Mantes – Argenteuil. Ich sah in der Dunkelheit die Bäume und das Dach von Le Mesnil. Ich finde es herrlich, ein Schloß zu haben, das man nicht bewohnt und das man ab und zu von einem Zug aus wie einen Schatten in der Nacht auftauchen sieht, und sich zu sagen: «Es gehört mir.»

*Mittwoch, 1. November*

Allerheiligen, ein trauriger Tag. Vor einem Jahr waren wir in Tours, und 91 hatten wir Papa noch bei uns. Wie traurig ist es, einen Vater zu verlieren, der immer für einen lebendig bleibt, ihn nie, nie wiederzusehen.

*Donnerstag, 2. November*

Maman, Paule, Jeannie und ich gingen heute morgen nach Saint-Germain zu einer gesungenen Allerseelenmesse; sie war sehr schön, die kirchlichen Feiern sind großartig, diese lieblichen Stimmen klingen, als schwebten sie über dem Altar.

*Sonntag, 5. November*

Maman, Jeannie und ich, wir gingen heute ins Colonne-Konzert. Als wir ankamen, wurde gerade die Beethoven-Symphonie gespielt, die wunderschön ist ...

Das Konzert war ziemlich früh zu Ende. Wir sind zu Fuß an den Kais entlang nach Hause gegangen. Es begann zu dunkeln, einige Gaslaternen brannten bereits; immer wieder bezaubert das alte Paris; nahe der Seine streben die Türme empor, eine wundervolle Szenerie.

Maman und ich besuchten heute morgen meinen Paten. Wir hatten ihn seit der Ankunft der Russen nicht mehr gesehen. Er sieht immer recht wohl aus.

*Donnerstag, 9. November*

Paule, Jeannie und Marcel [ihr Bruder] kamen zum Abendessen. Man sprach von Mademoiselle Bashkirtseff, und wie sie allen bekannten Personen zu schreiben pflegte. Sie hatte Alexandre Dumas um ein Rendezvous gebeten. Man unterhielt sich über Jacques-Émile Blanche, der sich schon seit einiger Zeit bei Maman nicht mehr gemeldet hat, dann über Monsieur de Wyzewa, der im letzten Jahr ein Landhaus gemietet hat und sich gezwungen sah, wieder auszuziehen, weil es, wie er sagte, darin spuke. Er kommt nie zu uns nach Hause. Wir sagten Marcel Lebewohl, er fährt Samstagmorgen nach Commercy, um seinen Militärdienst anzutreten. Dieses Jahr ist hart für ihn.

*Freitag, 10. November*

Wir sind in den Louvre gegangen, Maman und ich, der Tag war ein bißchen düster; wir haben uns einen Jordaens angesehen, auf dem Jupiters Kindheit dargestellt ist, ein Bild, das erst seit kurzem hängt. Noch ein anderes Gemälde fesselte unsere Aufmerksamkeit: Es war das Portrait eines Vaters mit seinem kleinen Jungen von Van Loo; es ist sehr schön. Im Salon Carré kopierte ein Japaner einen Leonardo da Vinci auf ganz und gar japanische Art. Es war sehr komisch.

Anschließend Besuch bei meinem Paten; danach waren wir im Institut Rudy wegen der Französischvorlesungen. Das Fräulein, das sie halten wird, ist sehr liebenswürdig. Sie finden zweimal die Woche statt, Dienstag und Freitag, jeweils um vier. Wir haben uns für Dienstag entschieden. Der Klavierunterricht, zu dem Jeannie vielleicht gehen wird, ist ebenfalls am Dienstag zur gleichen Zeit, es wäre also sehr praktisch, uns beide zu fahren.

# 1894

*Julies Pate stirbt · Reise nach Brüssel mit Berthe Morisot · Die «Libre Esthétique» · Rückkehr nach Paris · Die Sammlung Duret · Tod Zar Alexanders III. · Besuch beim Kunsthändler Camentron · Bei Tante Suzanne · Julies sechzehnter Geburtstag · Ein Abend in der Comédie-Française*

*Freitag, 9. März*

Heute morgen ist mein armer Pate gestorben. Genau vor zwei Jahren wurde er krank. Ach, es ist wirklich schlimm, die ganze Familie so dahinsterben zu sehen! Seit zwei Jahren stirbt in jedem Frühling jemand, den wir lieben, zuerst Papa, dann meine Tante Yves und jetzt mein Pate.

*Montag, 12. März*

Heute wurde in der Madeleine die Trauerfeier für meinen Paten zelebriert, morgen wird er in Gennevilliers beerdigt. Maman ging in das Trauerhaus, ich selbst bin mit Paule nur in die Kirche gegangen. Es war das erstemal, daß ich an einem Begräbnis teilgenommen habe. Ich bin traurig bei der Vorstellung, daß ich meinen Paten nie wieder sehen werde und auch nicht all die anderen, die gestorben sind. Paule hat mich beim Hinausgehen sehr herzlich umarmt. Sie weiß, wie es ist, wenn man sich unglücklich fühlt. Paule und Jeannie sind jetzt Waisen, die Armen. Stehen ganz allein im Leben. Ihr Bruder ist ihnen keine Stütze.

*Dienstag, 13. März*

Heute war die Beerdigung meines armen Paten in Gennevilliers. Maman ist sehr lange dort geblieben. Am Abend fahren wir nach Brüssel und steigen im Hôtel de Suède ab, das Tante Suzanne uns genannt hat, der Eigentümer [Henri van Custem] besitzt das Bild *Argenteuil* meines Onkels Édouard.

*Mittwoch, 14. März*

Den ganzen Vormittag Stadtbesichtigung; die St.-Gudula-Kathedrale ist wunderbar, sie liegt an einem etwas abschüssigen Platz, hat breite Treppen, und ihre feinen Lisenen wirken, als seien sie aus Marmor. In einer Kapelle herrliche alte Glasfenster mit leuchtenden Farben. Wir kamen über den großartigen Platz vor dem Rathaus, das Haus des Königs auf der gegenüberliegenden Seite ist vergoldet, ebenso die anderen Bauten an diesem Platz. Das sieht sehr reich und prächtig aus.

Wir wollten die Sammlung des Hotelbesitzers sehen, aber dort war niemand zu Hause. Darum hatten wir Zeit, ins Museum zu gehen, wo sich kleine Rubensskizzen befinden, sie sind entzückend.

Wir sind sehr spät zum Mittagessen zurückgekehrt und nachmittags noch einmal ausgegangen, um dicke Stricksachen zu kaufen, denn es ist sehr kalt hier. Um sechs Uhr nahmen wir an der Table d'hôtels Platz, an der wenige Reisende sitzen. Nachdem ich Jeannie geschrieben hatte, war ich froh, ins Bett zu kommen, denn ich finde unsere Reise sehr anstrengend.

*Donnerstag, 15. März*

Vormittags die Sammlung von Monsieur van Custem besichtigt, schön davon ist eigentlich nur das Bild meines Onkels Édouard. Der Rest besteht aus Bildern belgischer Maler, unter anderen eines Monsieur Collin, der uns herumführte und der recht zufrieden mit seinen Werken zu sein schien, wie er sagte (in Wirklichkeit sind es richtige Schinken).

Nachmittags wieder im Museum, noch einmal haben wir die Rubensbilder bewundert, eine Jungfrau mit dem Jesuskind, umgeben von Rosen, die wir gestern nicht gesehen hatten. Sehr schöne Einzelheiten auch auf einer Kreuzabnahme der flämischen Schule. Dann gingen wir in die «Libre Esthétique», wo Maman ausgestellt hat. Alles ist sehr gut arrangiert. Es gibt von allem etwas, Gemälde, Zinngefäße, Stickereien, Wandbehänge, Bücher und Möbel. Vom Fenster aus sieht man Brüssel und sein Rathaus, dessen feingegliederter Turm sich über die Dächer erhebt.

An Gemälden ist sehr viel da, beide Pissarros, Vater und Sohn, von einem der beiden sehr schöne Aquarelle, Denis', Gaugins und so weiter. Dabei hätte ich fast ein sehr hübsches Stück von Monsieur Renoir vergessen: kleine Frauen, die in ein und demselben Buch lesen, die eine in Rosa, die andere, ganzfigürlich, in Grün. Das Bild befindet sich im selben Raum wie Mamans Bilder, die sich ebenfalls sehr gut machen.

*Freitag, 16. März*

Wir haben im Speisewagen zu Abend gegessen. Am Zoll stiegen wir in die erste Klasse und schliefen. Um elf Uhr waren wir schließlich in Paris, Rue Weber, wo wir gleich zu Bett gingen.

*Samstag, 17. März*

Paule und Jeannie besuchten uns heute vormittag. Während des Tages Ausstellung vor dem Verkauf der Sammlung Monsieur Durets. Es ist eine sehr schöne Sammlung, unter anderem ein Bild von Maman: eine dekolletierte Frau in Weiß, mit einer Girlande aus entzückenden weißen Blumen auf dem Kleid; mehrere große Gemälde meines Onkels Édouard, darunter *Die Ruhepause* (Portrait Mamans in Weiß auf einem roten Kanapee, einen Fuß vorgestellt), *Le Père Lathuile*, ein kleines Portrait Mamans in Schwarz mit einem Veilchenstrauß an der Bluse, kleinem Hut, das Gesicht im Gegenlicht. Dieses Portrait liebe ich sehr, es ist sehr schön gemalt, das Schwarz ist ebenso großartig wie das Weiß des anderen Bildnisses. Welch schöne Pinselführung hatte mein Onkel Édouard! In dieser Sammlung findet sich auch ein sehr hübsches Werk von Monsieur Monet: weiße Truthähne auf einem großen Rasenstück und im Hintergrund ein Schloß aus Ziegelsteinen, umgeben von Nadelbäumen, außerdem eine Jagd. Die beiden Gemälde von Monsieur Renoir sind sehr schön, eine Landschaft und eine nackte Frau, die sich kämmt; es liegt viel Anmut in diesem Bild. Der ein wenig verkürzt gesehene Kopf ist entzückend, das Ganze in sehr feinen, ansprechenden Farben. Ein Maler, der mir sehr gefällt, nach den Gemälden zu urteilen, die hier ausgestellt sind, ist Paul Cézanne; vor allem diese sehr sorgfältig gemalten Äpfel gefallen mir (ich kenne nur diese drei Gemälde von ihm). Fast hätte ich ein Portrait Albert Wolfs (unvollendet) von meinem Onkel Édouard vergessen, ein wundervolles Portrait, ein typisches Manet-Bildnis, und es soll äußerst originalgetreu sein; wenn man dieses Portrait sieht, denkt man: Welch schönes Bild von einem so häßlichen Mann, der noch dazu so dumm wirkt! Bemerkenswert in dieser Sammlung sind auch Rennpferde von Monsieur Degas und hervorragend gezeichnete Tänzerinnen dieses großen Meisters.

Maman hatte abends Gäste zum Abendessen: Monsieur

Degas, Monsieur Mallarmé, Monsieur Renoir, Monsieur Bartholomé, Paule und Jeannie. Monsieur Degas war sehr fröhlich und sehr liebenswürdig. Monsieur Bartholomé hingegen scheint schrecklich traurig zu sein und spricht kaum.

*Montag, 19. März*

Heute Verkauf der Sammlung Duret. Wir trafen Monsieur Chabrier, Monsieur und Madame Lerolle, Monsieur Monet, die Helleus und andere. Maman kaufte ihr Portrait mit Hut, viertausendfünfhundert Francs. Aber ihr großes Bildnis, *Die Ruhepause*, blieb bei elftausend Francs. *Der grüßende Torero* (ebenfalls von meinem Onkel Édouard) ging auch nicht sehr hoch.

*Freitag, 2. November*

Wir nehmen einen Wagen, um zum Friedhof von Gennevilliers zu fahren, wo der Leichnam meines armen Paten ruht; wir legten einen Kranz und einen Blumenstrauß auf seinem Grab nieder. Mein guter Pate, der letzte Nachkomme der Manets. Jetzt bin ich die einzige Nachfahrin der drei Brüder Manet: Es gibt nur noch ein unglückliches junges Mädchen und zwei Witwen, die ihnen nachtrauern.

Wir gehen zu Tante Suzanne, bei der wir Skizzenbücher mit Zeichnungen betrachten, die mein Onkel Édouard auf seinen Reisen gemacht hat; es sind Skizzen nach Skulpturen, Gemälden und anderem. Wir nahmen drei davon mit, eine Rötelzeichnung nach einer weiblichen Figur von Raffael, glaube ich, außerdem zwei aquarellierte Medaillons; eines stellt die drei Grazien auf malvenfarbenem Hintergrund dar, das andere eine Frau, neben der eine Geige liegt, wahrscheinlich die heilig Cäcilia.

Der Zar [Alexander III.] ist nach dreitägiger schwerer

Krankheit in Livadia gestorben. Als er dort ankam, hielt man ihm vor, es sei seltsam, daß man einem so blauen Meer den Namen Schwarzes Meer gegeben habe. «Man hat es das Schwarze Meer genannt», sagte er «weil ich an seinen Ufern sterben werde.» Leider behielt er recht.

Während wir unsere Stunde bei Monsieur Mauclair nahmen, kam Monsieur Renoir. Er hat uns von den «geheimen Schriften» erzählt, aber nichts besonders Interessantes gesagt.

*Mittwoch, 7. November*

Waren bei Monsieur Camentron, der, wie immer, sicher ist, Mamans Gemälde zu verkaufen; aber er hat sie schon ein Jahr, und sie sind immer noch da.

Wir sahen bei ihm ein schönes Pastellbild von Monsieur Degas, eine Frau bei einer Modistin, die vor dem Spiegel einen Hut anprobiert, Rennpferde und Tänzerinnen.

Er zeigte uns die Photographie eines Fragments vom ersten Entwurf der *Erschießung Kaiser Maximilians.* Dieses Bild befand sich in der Druckerei von Tante Suzannes Bruder, Monsieur Léon, der zunächst den Maximilian herausschnitt, um ihn getrennt zu verkaufen, das Übrige ging an Monsieur Camentron und an Monsieur Portier. Dieser schnitt den Offizier heraus, der hinter den Soldaten steht. Auf diese Weise besteht das Bild nun aus drei Stücken! Monsieur Degas forscht nach ihnen und hat bereits zwei gefunden. Er wird sie zusammenfügen und versuchen, das Bild wieder so herzustellen, wie es war.

Als wir Freitag bei Tante Suzanne waren, fragte Maman sie, was denn aus diesem Entwurf geworden sei. «Er ist verrottet», antwortete sie, «es ist zu feucht in Léons Druckerei, er taugte ohnehin nichts.»

Die sechzehnjährige Julie

Wir besuchten Madame Jammes, die sehr liebenswürdig ist; sie kennt Paimpol und die Insel Bréhat, liebt die Bretagne und die Bretonen sehr.

Ich muß vielleicht in die Geschichtsvorlesung gehen, die am Donnerstag, dem 15., beginnt, und sicher in die Vorlesung über Naturwissenschaften, die am Samstag, dem 17., stattfindet.

*Mittwoch, 14. November*

Ich bin sechzehn Jahre alt geworden. Der Sonnenaufgang ist ungewöhnlich schön, er ist märchenhaft, rosa, vollständig rosa, wie ein bengalisches Feuer, alles ist wie in dünne Schleier gehüllt, es ist herrlich. Paule und Jeannie bringen mir Blumen, und Berthe schickt mir hübsche Topfpflanzen. Wir dinieren bei Madame Renault und gehen danach ins Français. Die Aufführung ist sehr schön. Wir sehen zuerst Molières «Le mariage forcé». Dieses Gelegenheitsstück hat recht komische Stellen, der ruhige Philosoph ist amüsant, der andere ist gewöhnlich. Es war Mamans Wunsch, mich an meinem 16. Geburtstag in die Comédie-Française zu führen.

# 1895

*Krankheit und Tod Berthe Morisots · Der letzte Brief · Julie und ihre Cousinen reisen zur Familie Renoir in die Bretagne · Douarnenez · Besuch des Geburtshauses von Paule Gobillard · Ein merkwürdiger Mensch in einer alten Kirche · Malen auf den Klippen von Tréboul · Madame Renoir spricht von alten Zeiten · Der Aufbruch der Fischer · Rückkehr nach Paris · Das Ende der Welt? · Degas äußert seine Meinung · Kommentare zu der Ausstellung Berthe Morisot · Monsieur Zandomeneghi · Julie wird siebzehn · Ein Abendessen bei Degas · Julie kopiert eines von Manets Portraits*

*Freitag, 1. März*

Maman ist sehr krank, seit ich das letztemal geschrieben habe; der Arzt glaubt, daß sie eine Stauung in der Lunge hat, er kommt zweimal am Tag, sagt jedoch, daß die Krankheit ihren normalen Verlauf nehme; er findet, daß es Maman heute eher besser gehe. Sie ist schrecklich schwach, kann kaum sprechen; sie trinkt nur ein klein wenig Milch, das Fieber ist nicht sehr hoch. Sie hat starke Halsschmerzen, die das Schlucken beschwerlich machen. Gestern abend und auch heute gegen vier Uhr ging es ihr sehr schlecht. Tante Edma verbrachte die letzte Nacht bei ihr und bleibt auch heute Nacht hier. Paule ist den ganzen Tag da, Blanche geht mit mir spazieren, und viele Leute kommen, um zu hören, wie es Maman geht. Ich bin von lieben Menschen umgeben, die sich rührend um Maman kümmern; wir sind mit dem Arzt zufrieden. Ich würde wer weiß was tun, damit Maman bald wieder gesund wird, es tut mir weh, sie so krank zu sehen, es kostet mich Mühe, nicht zu weinen, und außerdem

Berthe Morisots Atelier-Salon im Erdgeschoß der Rue de Villejust in seinem heutigen Zustand. Seit Beginn des Jahrhunderts wurde wenig darin verändert. An der Wand Berthe Morisots Portrait von Manet und auf dem Sekretär zwei Büsten Julies von ihrer Mutter, die eine aus Wachs, die andere aus Bronze.

kann ich mich nicht nützlich machen, ich verstehe nichts von Krankenpflege, und man will, daß ich nachts schlafe. Wie traurig das alles ist, o mein Gott, mach Maman gesund.

*Mittwoch, 17. April*

O Schmerz! Nach meinem letzten Eintrag habe ich Maman verloren. Samstag, den 2. März, ist sie um halb elf Uhr gestorben. Ich kann gar nicht sagen, wie unglücklich ich bin, wie tieftraurig. Ich bin jetzt Vollwaise, innerhalb von drei Jahren haben mich meine Eltern verlassen.

Meine arme Maman hat sehr darunter gelitten, mich verlassen zu müssen, sie wußte, daß es mit ihr zu Ende geht, und wollte nicht, daß ich ihr Schlafzimmer betrete und sie in so trauriger Erinnerung behalte. Ihre Krankheit war kurz, aber schmerzhaft, sie hatte grauenhafte Halsschmerzen, konnte nicht mehr atmen. Oh, niemals, niemals hätte ich so etwas Entsetzliches für möglich gehalten. Am Samstagmorgen lachte sie noch, empfing meinen Cousin Gabriel; ach, wie hübsch war sie an diesem Tag, sie sah wieder so aus wie früher, wie gut ist sie gewesen! Um drei Uhr sprach ich zum letztenmal mit Maman, um sieben Uhr kam Dr. Ganne, ich ging in Mamans Zimmer, aber es war mir unmöglich zu bleiben, ich konnte nicht mit ansehen, wie sie litt, keine Luft bekam; ich sah, daß sie im Sterben lag, und glaubte doch, daß sie wieder gesund werden würde; wir hatten ja, wie mir schien, schon genug Unglück gehabt. Gegen zehn Uhr kam Dr. Ganne wieder, begleitet von einem kleinwüchsigen Arzt im Frack, den ich nur eine Sekunde lang sah und den ich für immer als Figur aus einem Alptraum vor mir sehen werde. (Oh! Wenn es nur ein Alptraum wäre!) Doch ach, es ist die Wirklichkeit. O mein Gott, hilf mir, diesen Verlust zu ertragen, steh mir weiterhin bei, nur Du kannst mir in meinem Unglück helfen, und daß ich bis jetzt so gelebt habe, verdanke ich Deiner Gnade. Ja, mein Gott, Du bist unendlich gütig, laß Maman glücklich sein bei Dir.

Kein Laut drang aus dem Schlafzimmer, dann Stimmen; ich hörte es im Eßzimmer, man führte mich auf den Treppenflur, wo ich zusammen mit Blanche und Jeannie am ganzen Leibe zitternd stehen blieb; ich vernahm einen Schrei (es war Marie, entsetzt über das Grauenhafte, das soeben geschehen war).

*Unvermittelt kehrt Julie zur Gegenwart zurück und sieht wieder die letzten Augenblicke des Lebens ihrer Mutter vor sich.*

Die Ärzte gehen, man führt mich in mein Zimmer. Blanche sagt, es gehe Maman schlecht und ich könne sie nicht sehen. Blanche kommt zu mir, sorgt, daß ich zu Bett gehe, bleibt in meiner Nähe; ach, wenn sie bei mir bleiben kann, bedeutet dies, daß es vorüber ist. Ich schlafe ein, habe verstanden und glaube es dennoch nicht; ich hoffe, daß es, wenn ich aufwache, Maman wieder besser geht. Ach, und wenn ich an alle Bangnis dieses Tages zurückdenke, habe ich das Gefühl, daß mir das Herz bricht.

Oh, meine gute Maman, sie hat mir einen Brief hinterlassen, einen Brief, der mir kostbar ist. An Jeannie schrieb sie: «Ich befehle Dir Julie.» Ihr letztes Wort war Julie. Oh, wie sehr hat sie meinetwegen gelitten! Die Nacht von Freitag auf Samstag war schlecht, Maman sagte, sie wolle noch bis zum Morgen durchhalten, um mich zu sehen. In dieser Nacht ging Marie zu einem Homöopathen, der am Morgen kam. Maman wünschte es so. O Unglück, Unglück, nie habe ich daran gedacht, daß ich einmal ohne meine Maman sein würde.

Meine kleine Julie, sterbend liebe ich Dich; noch im Tode werde ich Dich lieben; ich bitte Dich, weine nicht; diese Trennung ist unvermeidlich; ich wäre gerne bei Dir geblieben, bis Du verheiratet bist ... Arbeite und sei gut, wie Du es stets gewesen bist; Nicht einmal hast Du mir Kummer bereitet in Deinem jungen Leben. Du bist schön, ein Glückskind; nutze beides gut. Ich glaube, es wäre am besten, Du würdest zusammen mit Deinen Cousinen in der Rue de Villejust leben, aber ich will Dir nichts aufzwingen. Gib Tante Edma und Deinen Cousinen ein Andenken an mich; Deinem Cousin Gabriel Monets *Boote am Strand*. Monsieur Degas sagst Du, daß er, wenn er ein Museum gründet, einen Manet auswählen möge. Ein Andenken auch für Monet, Renoir und eine Zeichnung von mir für Bartholomé. Gib den beiden Concièrgen etwas. Weine nicht; ich liebe Dich noch mehr, als ich Dich küssen kann. Jeannie, ich befehle Dir Julie.

*Nach dem Tod ihrer Mutter zieht Julie in die Rue de Villejust Nr. 40, wo sie mit ihren Cousinen Jeannie und Paule (die wesentlich älter war als ihre Schwester und Julie) eine Wohnung teilt. In diesem Sommer verbringt Julie die Ferien bei Monsieur und Madame Renoir in der Bretagne.*

*Donnerstag, 8. August*

Wir reisen morgens ab, verlassen all die netten Leute von Saint-Enogat. Wir fahren zu Monsieur Renoir nach Châteaulin. Wir steigen zuerst in Dinan um, dann in Lamballe und essen in Saint-Brieuc zu Mittag, steigen in dieser Stadt aus, wo wir letztes Jahr zur selben Zeit mit Maman ankamen. Später nehmen wir einen Zug nach Landerneau. Wir fahren über den Viadukt der reizenden Stadt Morlaix, die sich uns wie im vergangenen Jahr in sanften Blautönen zeigt. Der quadratische Turm von Saint-Mathieu erhebt sich inmitten der alten Häuser, und der Fluß verliert sich zwischen schönen Bäumen. Wir sahen das Hotel wieder, in dem wir gewohnt haben, die Straßen, in denen wir mit Maman spazierengingen. Wir sehen Pleyber-Christ, la Roche und die Kirche von Landerneau, die uns gefällt.

*Freitag, 9. August*

Châteaulin besichtigt, trübselige kleine Stadt, ein regulierter Fluß, sehr hübsche alte Kapelle auf einer Anhöhe in der Nähe eines runden Hügels. Mittagessen in Quimper. Wir finden den Ort reizvoll, die Kathedrale ist sehr schön, mitten in der Stadt fließt ein Fluß, es gibt kleine Brücken, von denen jede zu einem anderen Haus führt. Gegenüber dem Hotel, in dem wir absteigen, befindet sich ein ganz eigentümlich bewaldeter Berg. Später am Tag fahren wir mit dem Wagen nach Bénodet ans Meer, es ist ein ganz und gar trostloser Ort. Gemeinsam mit Monsieur Renoir zählten wir die Kilometersteine, um zu wissen, wie viele Kilometer wir noch vor uns hätten. Wir übernachten hier.

*Samstag, 10. August*

Wir brechen um sechs Uhr morgens nach Douarnenez auf, sind begeistert von der Bucht, trotz des schrecklich grauen, niederdrückenden Wetters. Bäume, Strohdächer ragen vor dem Meer auf, und wunderschön geformte Hügel umgeben und umschließen dieses Meer, das endlos erscheint und über das Segelboote dahinziehen, die in der Ferne winzige schwarze Punkte bilden. Douarnenez ist schmutzig, seine Einwohner wirken krank. Monsieur Renoir bleibt da, um ein Haus in der Umgebung anzusehen, während wir zum

Mittagessen nach Quimper zurückfahren. Wir besuchen die Kathedrale, bewundern ihren Innenraum ebenso wie ihr Äußeres. Dann spazieren wir durch die engen Straßen, an denen alte Giebel- oder schiefergedeckte Häuser stehen, und immer wieder tauchen über den Dächern die feinen hohen spitzen Türme der großartigen Kathedrale auf. Ihr reiner Stil erinnert an den der Kathedrale von Chartres, sagt Monsieur Renoir zu uns.

Zu Mittag treffen wir uns mit Monsieur Renoir am Bahnhof, er hat in Tréboul bei Douarnenez ein sehr nettes kleines Haus gefunden. Wir fahren in Richtung Pont-Aven, steigen in Banalec aus und nehmen dort einen Personenzug nach Pont-Aven; Pierre holt uns ab. Wir treffen Madame Renoir mit Jean und ihrem Dienstmädchen im Eingang des Hôtel des Voyageurs; die kleine Ortschaft scheint recht hübsch zu sein. Bei Tisch werden wir von reizenden Mädchen bedient, sie tragen die Bänderhaube, auf die der Kopfputz mit den großen Schleifen von Pont-Aven gesetzt wird, und eine breite gefältelte Halskrause.

*Sonntag, 11. August*

In der Messe tragen alle Frauen Hauben, wirken wie aus dem Ei gepellt, und die Männer, die sich gegen die Pfeiler lehnen, sehen gut aus mit ihren hohen gestickten Krägen. Der Mann, der die Kollekte besorgt, hat langes über die Stirn gezogenes graues Haar.

*Montag, 12. August*

Wir malen am Fluß an einer Stelle, von der aus man hinter dem verdorrten Stechginster die Schiffe im Hafen und die Häuser sehen kann. Wir sind von Kindern umgeben, die uns stören und die sich über uns lustig machen.

*Donnerstag, 15. August*

Für diesen Festtag [Mariä Himmelfahrt] haben sich die Bretonen aufs schönste gekleidet, wir kommen uns ganz armselig vor neben all diesen bunten Seidenschürzen, bestickten Samtwesten, den rosa, blauen, roten, violetten, grünen Bändern unter den weißen Hauben und den spitzengesäumten Halskrausen. Julia, eines der Hausmädchen des Hotels, eine reizende dunkelhaarige Person mit zartem Figürchen, die recht kokett und liebenswürdig zu sein scheint, hat eine schöne Halskrause, die mit großen handgestickten Margeriten gesäumt ist. Wir sehen uns die Prozession an; sie zieht am Kai entlang, an dem die blankgeputzten Boote liegen. Ein paar kleine Mädchen tragen weiße Kleider, und eine Frau ist in einem über und über mit Goldstickerei bedeckten Gewand erschienen. Nach der Prozession gehen wir mit Monsieur Renoir spazieren, er führt uns zum Schloß Le Ruste, von dem nur noch Ruinen vorhanden sind und wo angeblich in einer bestimmten Mondnacht Geister umgehen, ein Mönch und eine weiße Frau. Dann wandern wir nach Nizon, einem recht netten Dorf mit einer hübschen Kirche und einem «Calvaire».

*Freitag, 16. August*

Paule ist unpäßlich, Jeannie bleibt bei ihr, und ich fahre mit Monsieur Renoir zum Badeort Saint-Nicolas an der Aven-Mündung; wir fahren vormittags mit dem Boot hinunter und kehren erst zum Abendessen zurück. Wir kommen an zwei Schlössern vorbei und an Rosbras, wo Maman, Tante Yves und Tante Edma einmal gewohnt haben. Ich sehe ihr Haus, das jetzt von Kiefern umgeben ist. Wir sehen nun diese Gegend, von der unsere Mütter uns erzählt haben, ohne sie.

Vor dem Mittagessen baden wir; da es nichts Entsprechendes gibt, ziehen wir uns im Freien hinter einem Felsen aus; dann essen wir, so gut es geht, auf dem Boden. Monsieur Renoir fertigt unter den Bäumen eine hübsche Studie an, sie zeigt die reiche Farbskala dieses Platzes unter Bäumen an einem sehr heißen Tag, und im Hintergrund glänzt das Meer in intensivem Blau. Jean amüsiert sich im Wasser, er ist sehr niedlich mit seinen goldfarbenen Haaren.

*Freitag, 23. August*

Heute vormittag malen wir in den Wäldern über Pont-Aven. Dann fahren wir mit einem Wagen nach Quimperlé. Wir machen Halt in dieser Stadt auf dem von Bäumen umstandenen und von Wasserkanälen gesäumten quadratischen Platz, von dem aus die Häuser stufenförmig ansteigen. Mitten zwischen ihnen sieht man die runde Kirche mit dem viereckigen Glockenturm. Wir besuchen zuerst die runde Kirche, die nach dem Vorbild der großen Moschee von Konstantinopel gebaut wurde; sie ist recht eigenartig, es gibt darin mehrere Altäre auf verschiedenen Ebenen. Der eine scheint in einem Keller zu stehen, zwei andere in Bodenhöhe und einer darüber, zu dem man emporsteigt wie auf eine Brücke. Danach suchen wir in der Rue de Château, in der sich eine verfallene Kirche befindet, das Haus des Monsieur de Lassalle, eines Verwandten und Nachbarn meiner Tante Chevalier; wir finden es, und Monsieur de Lassalle, den ich nicht kannte, öffnet uns die Tür, blickt uns erstaunt an, dann ruft er: «Die jungen Damen Morisot!» Er geleitet uns in einen kleinen Salon, wo wir zwei alte Damen aus Quimperlé antreffen, Mutter und Tochter, beide nach der Mode von vor fünfzig Jahren gekleidet. Sie erzählen uns von unseren Müttern, die in dieser Stadt gelebt haben; Tante Yves wohnte hier, und als wir mit unserem betagten Cousin hinausgehen, zeigt er uns an dem Platz das sehr hübsche Haus, in dem Paule geboren wurde; es geht auf den Fluß hinaus, vor der Haustür wachsen Rosen. Wir verlassen dann die Stadt an einer Stelle, wo man hinter dem Wasser und dem Gras einen umfassenden Blick auf sie hat. Dann queren wir einige alte Sträßchen, kommen an zwei Fachwerkhäusern vorbei, die im ersten Stock vorkragen, steigen zu der alten Kirche empor, die an dem Platz liegt, wo der Markt abgehalten wird, und ein sehr schönes Portal mit einem Vorbau besitzt. Im Inneren unter alten vergoldeten Statuen eine recht merkwürdige Heilige Jungfrau, eine Kreuzwegdarstellung in hübschen Farben. Vor einem Altar lag ein Mann, der zuviel getrunken hatte, wie es bei den Bretonen öfter vorkommt, einen Stock neben sich. Nach einem Rundgang durch Quimperlé, das uns sehr gefiel, setzte Monsieur de Lassalle uns einen so üppigen Imbiß vor, daß wir, als wir nach Pont-Aven ins Hotel zurückkehrten, nur noch einen Tee zu uns nehmen konnten.

Hier kam es zwischen Monsieur Renoir und einem schlechten langweiligen Maler zu einer Diskussion über meinen Onkel Édouard; zunächst sagte der Maler, daß er an Manet nicht alles bewundere. Monsieur Renoir erwiderte, daß er ihn also nicht leiden könne; daß es, wenn man einen Meister bewundere, nichts gebe, was einem an ihm nicht gefalle. Monsieur Hérart sprach die ganze Zeit von Delaunay, dessen Malkunst ihm sehr gefiel; er habe ein Portrait seiner Mutter gemalt, das, obwohl voller Gruppierungen, sehr hübsch sei. «Das beweist, daß es ein schlechtes Bild ist», sagte Monsieur Renoir, «Malen ist ein Handwerk, das man erlernen muß, ein schönes Bild muß auch gut gemalt sein.» Nach einigen Scherzen Monsieur Hérarts darüber, daß man dann eben Häuseranstreicher werden müsse, sagte Monsieur Renoir, daß er noch immer dabei sei, sein Handwerk zu erlernen, daß er immer noch etwas dazulernen wolle und sich mit dem, was er mache, nicht zufriedengebe. «Ich bin sehr ehrgeizig», sagte er, «lieber würde ich nicht malen, als ein mittelmäßiger Maler sein.» Wütend sagte Monsieur Hérart schließlich, das Bildnis *Olympia* sei scheußlich, und wiederholte das unaufhörlich; da wurde Monsieur Renoir fast wütend, und die Diskussion nahm kein Ende. Es ärgert mich immer, wenn man das Werk meines Onkels solchermaßen angreift; selbst wenn ich mir dabei sage, daß es Dummköpfe sind, die sagen, seine Bilder seien scheußlich, möchte ich ihnen am liebsten widersprechen, mich aufregen.

*Samstag, 24. August*

Ich wache mit einem steifen Hals auf und verbringe den Tag in unserem Zimmer. Abends zeigt Monsieur Renoir uns, was er in Pont-Aven gemacht hat; erzählt uns dann, daß er, weil er nie wußte, ob Catulle Mendès [französischer Schriftsteller, Parnasse-Dichter] in der Rue Trévise oder in der Cité Trévise wohnte, dessen Haus nur an den japanischen Vorhängen wiedererkannte, die er im zweiten Stock bei sich hängen hatte. Einmal passierte ihm folgendes: Er ging im Frack durch die Rue Trévise, sah die «Japandinger» an den Fenstern, stieg hinauf, ein Dienstmädchen öffnete ihm. Zu seinem großen Erstaunen erkannte er die Wohnung der Mendès nicht wieder, dann hörte er Stimmen, Leute, die sich offenbar erhoben, Stiefel anzogen; da stürzte er davon, die Treppe hinunter, wobei er jeweils vier Stufen auf einmal nahm, und das Dienstmädchen rief ihm nach: «Monsieur, Monsieur», und er war froh, als er auf der Straße stand. Von nun an wußte er, daß Catulle Mendès in der Cité Trévise wohnte; doch an besagtem Abend genügte ihm dieses Abenteuer, er kehrte nach Hause zurück, höchst verwundert darüber, daß es zwei identische Häuser gab und in der gleichen Etage japanische Vorhänge.

*Sonntag, 25. August*

Den ganzen Tag nichts unternommen. Abends fängt Monsieur Renoir ein Gespräch über den Krieg an, tadelt einen jungen Mann, der sagt, wenn er in den Kampf ziehen würde, dann nur, um eine persönliche Überzeugung zu verteidigen. Sehr seltsam, und das auch noch vor Unbekannten zu äußern. Es müssen schon viele so denken, daß jemand es wagt, etwas so Schockierendes zu sagen.

*Mittwoch, 4. September*

Paule und ich fanden heute vormittag hinter dem Haus sehr schöne Motive. Nach dem Mittagessen malte ich die Aussicht, die man von unserem Haus aus hat; Paule und Jeannie malen sie von oben, und Monsieur Renoir hat sie heute morgen gemalt. Wir baden am großen Strand. Wenn ich die wunderschöne Landschaft betrachte, die wir jeden Tag vor Augen haben, denke ich, welche Freude Maman daran gehabt hätte, sie, die alles Schöne so sehr liebte, die gern hier malte, und ich denke an die Beschreibung, die sie mir vom Sonnenaufgang in dieser Bucht gemacht hat, und von den Fischerbooten mit den aufgehängten Netzen.

*Samstag, 14. September*

Jeannie und ich steigen am Vormittag auf die Klippen von Tréboul, um zu malen. Das Meer ist von einem matten Blau, die Küste rosa; die Tristan-Insel scheint ganz nah, und Douarnenez sieht man als Silhouette vor dem hellen Himmel und vor der Sonne, die das Meer mit weißem Glanz überzieht und sich im Wasser spiegelt; das Gebirge dahinter ist ganz blau; über dieser wunderschönen Landschaft liegt der Morgendunst, der alle kräftigen Farben dämpft. Große Boote mit ausgeblichenen Segeln ziehen vorüber, und ihre Konturen zeichnen sich vor dem hellen Hintergrund ab. Als wir über den schmalen Klippenpfad zurückgingen, fiel uns auf, mit welch köstlichem Rauschen das Wasser in eine Miniaturgrotte hineinbrandete. Im Wasser schwebte eine Qualle, die sich abwechselnd gelb, grün, rosa, lila färbte. Gegen Abend holten wir Monsieur Renoir vom Bauernhof ab. Wir gingen mit ihm zu den weißen Felsen, von denen aus man den Eingang der Bucht sieht; dort betrachteten wir den Sonnenuntergang, erst legte sich ein Gold-, dann ein Rotton auf die Heide mit den Stechginsterbüschen, und die von feurigem und purpurnem Glanz umrahmte Sonne zeichnete eine breite leuchtende Spur in das Wasser; ein rosa Schein breitete sich allenthalben aus. Als wir uns umwandten, waren die Küste und das Gebirge in ein sanftes Graublau getaucht.

*Donnerstag, 19. September*

Madame Renoir sprach von ihrer Hochzeitsreise nach Italien; es amüsierte uns, das alles von ihr zu hören, denn als wir seine Frau noch nicht kannten, erzählte Monsieur Renoir uns oft davon, und es klang immer so, als habe er die Reise allein gemacht. Sie sei zweiundzwanzig Jahre alt gewesen und sehr schlank, sagte sie, was zu glauben einem schwerfällt. Sie sagte uns auch, daß Monsieur Renoir, als sie ihn zum erstenmal sah, mit den Herren Monet und Sisley zusammengewesen sei; alle drei hätten das Haar lang getragen, und sie hätten in der Rue Saint-Georges, wo sie wohnte, großes Aufsehen erregt.

In seinen jungen Jahren pflegte Monsieur Renoir den Sommer über im Wald von Fontainebleau zu arbeiten, für seine Unterkunft zahlte er fünfzig Sous am Tag, und Diaz, der mit ihm zusammen war, verkaufte seine Bilder als Bilder von Rousseau. Er malte durchschnittlich acht am Tag. Auf diese Weise werden jetzt viele Renoirs für Rousseaus gehalten; ich würde sie gern sehen.

Nach dem Baden sehr schöner Spaziergang rund um Tréboul, stiegen bis in die Nähe von Les Moulins hinauf, von wo man einen wunderbaren Blick auf das von den letzten Sonnenstrahlen überglänzte Douarnenez hatte.

*Sonntag, 22. September*

Ich habe die ganze Woche jeden Tag gebadet; wir sind begeistert vom Schwimmen; ich kann jetzt den Toten Mann machen und mich im Wasser drehen; ich möchte richtig tauchen und schwimmen. Es ist ein herrliches Gefühl, in dieses von einer so schönen Küste gesäumte Meer einzutauchen, nachdem man den Vormittag lang beim Malen die heiße Sonne auf dem Rücken gespürt hat. Die Arbeit des Landschaftsmalers ist hart; aber ich glaube, es gibt härtere, wie die der Fischer. Vor dem Abendessen schauen wir zu, wie sie sich für die Ausfahrt vorbereiten. Denn sonntags ruhen sie sich aus, die Boote liegen im Hafen, und die Seeleute trinken; am Abend kehren sie, mit ihrem Sack auf dem Rücken, ein wenig schwankend auf ihre Kutter zurück. Die Frauen sind reinlicher gekleidet, die Kinder spielen am Kai. Abends spiegelte sich der rosa Himmel, über den einige leichte lila Wolken zogen, im Wasser, und die Boote hoben sich schwarz davon ab. Über eine Straße, die die Klippe entlangführt, kehrten wir nach Hause zurück. Wir blieben stehen, um zuzuschauen, wie die Nacht hereinbrach, um die

Bäume des Friedhofs zu betrachten und die Grabkreuze, die sich vor dem silbrigen Wasser abzeichneten, auf dem zwei durch ihre Schatten vergrößerte schwarze Segler vorüberglitten.

*Dienstag, 24. September*

Jeannie und ich, wir haben mit Monsieur Renoir und Pierre einen sehr schönen Spaziergang gemacht. Es war trübes Wetter, ein Vormittag, an dem wir nicht malten, sondern die Umgebung erkundeten, Regenschirme mitnahmen anstelle der Malkästen. Entlang der kleinen Eisenbahn von Audierne wanderten wir über Land, wollten bis Poulan gehen, verhielten dann aber in einem prachtvollen Kiefernwald, in dem das Sausen des Windes klang wie eine großartige Symphonie. Von der Straße aus, an der köstliche Brombeeren, Stechginster und Heidekraut wachsen, sah man über dem Heideland und hinter einigen in leichten Dunst getauchten Kiefern Douarnenez und seinen Berg, der viel größer wirkte, als er in Wirklichkeit ist. Dann, hinter einer kleinen Meeresbucht, die sich inmitten der blühenden Stechginsterbüsche dehnt, am Horizont die Küste wie eine lange blaue Linie. All das ist erhaben, karg und lieblich zugleich; es hat etwas vom Süden. Diese Landschaft erinnerte Monsieur Renoir an Italien und die Studien «des Père Corot», wie er sagte. (Er spricht von ihm sehr oft als dem größten Landschaftsmaler, er hat wirklich wunderschöne Bilder gemalt.) Im Finistère, das ich sehr mag, in dieser unberührten Landschaft, hat man tatsächlich das Gefühl, daß das Land hier zu Ende ist, doch empfindet man es nicht als betrüblich; es ist sehr schön!

*Donnerstag, 26. September*

Morgens und abends über Tréboul auf der Klippe gearbeitet. Monsieur Renoir holte uns ab, er sagte, daß ich Häuser gut zu setzen verstünde. Ich freute mich über dieses Kompliment eines großen Malers, vielleicht ist das Eitelkeit; aber ich glaube, wenn man viel gearbeitet hat, kann man sich ruhig darüber freuen, wenn jemand, der etwas davon versteht, einem sagt, daß man nicht nur Fehler macht. Alles in allem mache ich eine Menge. Ich habe vor, dieses Jahr viel zu arbeiten. Leider habe ich im Herbst, wenn wir zurückkommen, stets den festen Vorsatz, fleißig zu sein, aber dann wird es allmählich kalt, ich stehe spät auf, gehe Schlittschuhlaufen, trinke Tee, und der Tag geht vorbei, ohne daß ich viel getan habe. Ich will nicht, daß es diesmal wieder so wird.

*Anfang Oktober kehrt Julie nach Paris zurück.*

*Dienstag, 1. Oktober*

Das Wetter wird schlecht und kühler, wir fahren von hier aus nicht mit dem Schiff über Brest. Monsieur und Madame Renoir reisen wahrscheinlich Donnerstag über Quimper zurück.

*Freitag, 4. Oktober*

Um vier Uhr morgens warten wir zwei Stunden lang auf dem Bahnhof von Tours und sind erst um halb zwölf in Paris. Diese Reise ist wirklich ziemlich lang. Wir trennen uns von den Renoirs, von Monsieur Renoir, der den ganzen Sommer so gut und so liebenswürdig zu uns gewesen ist; je mehr man mit ihm zusammen ist, desto mehr merkt man, welch ein großer Künstler er ist, geistreich und hochintelligent, und gleichzeitig von unverbildeter Natürlichkeit.

Die Wohnung in der Rue de Villejust

Paris erscheint uns sehr häßlich, grau, stumpf und trostlos. Eine tiefe Traurigkeit erfaßt mich beim Betreten dieser Wohnung, die Einsamkeit atmet und wo alle Gegenstände an Maman erinnern, auch daran erinnern, daß sie nicht mehr da ist. Da oben in der Bretagne glaubte ich, einen Traum zu erleben, doch hier habe ich die Gewißheit, sie nie wieder zu sehen, aus, vorbei, o Traurigkeit! Dich nie wieder zu sehen, Maman, wie schmerzlich! Diese wunderbaren Bilder, die ich voller Freude betrachte, bringen mich zum Weinen.

*Samstag, 26. Oktober*

Wir haben einen Tag mit Berthe [Berthe Butler, eine der Töchter von Alice Hoschedé-Monet] verbracht, und die drei Freundinnen brachen in Wehklagen aus, als die Rede darauf kam, daß 1900 die Welt untergehen werde und Frankreich nächstes Jahr zerstört werden würde (laut dem «Almanach» Hachette). Wir finden die Vorstellung entsetzlich, das Ende der Welt mitzuerleben oder eines Tages mit ansehen zu müssen, wie Frankreich von einem Krieg heimgesucht wird; wir beten darum, daß dies nie geschehen möge. Aber dann denken wir doch, daß das Ende der Welt nahe ist, denn alle Leute scheinen nicht recht bei Trost zu sein. Berthe sagt: «Früher liebten die jungen Mädchen den Frühling, die Sonne, jetzt mögen sie nur den Herbst, den Winter, den Mond.»

*ohne Datum*

Monsieur Degas denkt nur noch ans Photographieren; er lädt uns alle zu einem Abendessen in der nächsten Woche zu sich ein, er wird uns bei Licht photographieren. Wir müssen nur drei Minuten stillsitzen; er wollte sehen, ob wir gute Modelle wären, und ließ Monsieur Renoir posieren, der anfing zu lachen. Paule sprach über den Artikel von Monsieur Mauclair, da geriet Monsieur Degas in Zorn und meinte: «Ach, die Kritiker, jetzt sind sie es, die das große Wort führen; sie tun so, als hätten sie das Malen erfunden, sprechen von einem gewissen Blau etc.» Ich kann seine Rede nicht wörtlich wiederholen, sie würde aus meinem Mund nicht so grimmig klingen, deshalb höre ich auf. Monsieur

Mallarmé schien sehr unglücklich zu sein über diese Tirade, Monsieur Renoir strahlte, denn er denkt über die Kritiker dasselbe wie Monsieur Degas.

Es ist abgemacht, daß wir Mittwoch bei Monsieur Degas zu Abend essen. «Sie werden feststellen, daß Zoé, meine Haushälterin, dicker geworden ist», sagte er zu uns. Ich weiß nicht, warum es heißt, er sei böse, er scheint ein so guter Mensch zu sein, umarmt einen so väterlich. Die Künstler sind übrigens großartige Menschen. Monsieur Renoir kümmert sich rührend um uns, spricht in reizender Weise von Mamans Ausstellung; er hat eine Mappe mit Aquarellen durchgesehen, die er hervorragend fand, und erklärte uns, wie wir es anstellen sollten, alle diese zum größten Teil fast unbekannten Wunderwerke rahmen zu lassen. Welch bezaubernde Mutter habe ich gehabt (nicht mehr sagen zu können, habe ich noch, ist hart), wie gut ist sie gewesen, Künstlerin und zärtliche Mutter in einer Person! Die Tränen kommen mir, wenn ich diese Aquarelle betrachte: eine Frau in einem Boot auf dem See, darunter steht geschrieben: *Entendame* und ähnliches, damit ich lesen lerne; eine Amme, Kinder, die Verstecken spielen, und vieles mehr... Maman hatte vor, ein ganzes Album mit solchen Aquarellen anzufertigen, um die Kinder lesen zu lehren, aber sie hat ihre Idee nicht ausgeführt; das bedaure ich sehr, es wäre entzückend geworden.

Wir sind mit Monsieur Renoir der Meinung, daß Monsieur Mallarmé ein schönes Vorwort für den Katalog schreiben sollte, weil er besser als jeder andere in der Lage wäre, etwas über das Leben der Frau zu sagen, die Maman gewesen ist.

Noch einmal zurück zu dem Artikel von Mauclair: Monsieur Renoir sagte uns, daß er die Werke Puvis de Chavannes' nicht besonders schätze, ihm erschienen diese Bilder so, als könnte man an ihnen ziehen und sie verlängern: «Soll es ein Meter mehr sein, rollt man sie einfach weiter aus.» Außerdem sagte er, daß man seine Männer und Frauen nicht voneinander unterscheiden könne, was ich ebenfalls finde. Nach dem Abendessen erzählte Monsieur Renoir uns, wie Monsieur Zandomeneghi sich mit ihm verkrachte, weil er ihn, da er im gleichen Haus wohnte, ständig besuchte, Monsieur Zandomeneghi jedoch diese Besuche höchst selten erwiderte. Monsieur Renoir machte ihn wunderbar nach mit seinem italienischen Akzent, wie er ihm seine Bilder zeigte, und da Monsieur Renoir sie stets schrecklich fand, sagte er zu ihm: «Sehr hübsch, aber das Blau da im Hintergrund ist ein wenig grell» – «Wegen eben dieses Blaus habe ich dieses Bild gemalt», antwortete Monsieur Zandomeneghi, der das Bild zu Durand-Ruel trug; dort machte sich das ganze Haus über sein Blau lustig, und er sah sich gezwungen, wieder nach Hause zu gehen und es abzuändern. Monsieur Renoir erzählte uns noch manch andere Geschichten über ihn, die aber nur deshalb so nett waren, weil Monsieur Renoir sie mit dem näselnden Akzent des italienischen Malers wiedergab.

*Donnerstag, 14. November*

Ich bin heute siebzehn geworden; Paule hat mir einen bretonischen Kuchen gebacken und ihn mit Blumen geschmückt, außerdem hat sie Geneviève zum Mittagessen eingeladen; wie letztes Jahr speisen wir abends bei Berthe. Ich denke an jenen Tag zurück, an dem wir mit Maman in der Comédie-Française waren; jedes Jahr bin ich unglücklicher, und es sind der traurigen Ereignisse immer mehr, um die meine Gedanken kreisen. Vor einem Jahr war ich verhältnismäßig glücklich (soweit man glücklich sein kann, nachdem man

Geneviève, die einzige Tochter Stéphane Mallarmés.
In Valvins, um 1885

seinen Vater und einen Teil seiner Familie verloren hat), aber ich hatte noch eine Mutter, die stets um mich war, die ich nie verließ.

*Sonntag, 17. November*

Bei Monsieur Renoir zu Mittag gegessen; wir verbrachten einen sehr angenehmen Tag bei ihm, er zeigte uns das Portrait eines Modells, das einen entzückenden weißen Musselinhut mit einer Rose darauf trägt, die er selbst gefertigt hatte; dazu trug das Mädchen ein weißes Kleid mit grünem Gürtel. Das Bild ist ganz besonders hübsch, die Kleider sind liebreizend, duftig, ebenso die braunen Haare, die sehr schön sind. Wir sahen das Bildnis, das Jean mit Gabrielle zeigt, es ist reizend.

*Mittwoch, 20. November*

Wir trafen ziemlich spät bei Monsieur Degas ein, begegneten Zoé im Treppenhaus, und sie schloß uns die Tür auf. Monsieur Mallarmé, Monsieur Renoir und Monsieur Bartholomé waren bereits da. Monsieur Degas beschäftigte sich gerade intensiv mit einer Lampe, die er kürzlich gekauft hatte und die angeblich ein helleres Licht gibt. Ich bewunderte das Portrait, das er von meinem Onkel Édouard gemacht hat und das ich noch nicht kannte. Dieses Bildnis ist einmal der Grund für ein Zerwürfnis gewesen; Monsieur Degas hatte Tante Suzanne am Klavier gemalt und meinen Onkel Édouard, der ihr lauschte, auf einer Couch liegend; da mein Onkel seine Frau zu häßlich dargestellt fand, schnitt er sie einfach ab. Monsieur Degas war darüber zu Recht erzürnt und nahm das Bild wieder mit; es hängt jetzt in seinem Salon. Er hat auch eine Pastellzeichnung von Tante Suzanne auf einem Sofa und den Schinken meines Onkels Édouard.

Bei ihm hängen die Bilder einfach irgendwo oder stehen am Boden. Sein Eßzimmer ist mit gelben Taschentüchern tapeziert, die Zeichnungen von Ingres zeigen. Es gibt zum Abendessen offenbar immer das gleiche, «Rillettes» nach Bauernart, Brathähnchen, Salat und Kompott, alles zubereitet von Zoé, die sich beim Servieren am Gespräch beteiligt und sehr fürsorglich wirkt. «Sie müssen mehr Brot rösten, Zoé», sagte Monsieur Degas. «Ein andermal gibt es mehr», und so fort.

Das Gespräch drehte sich um Zandomeneghi. Monsieur Degas portraitiert ihn, und er will nur ungefähr zwei Stunden pro Woche posieren! «Ich arbeite», sagt er, und dergleichen mehr. Alle finden, daß er ein unangenehmer Zeitgenosse ist. Als die Rede auf Glatigny kam, erzählte Monsieur Mallarmé, daß er diesem erstaunlichen Mann, der aus vorgegebenen Reimen zwei ganz verschiedene Gedichte machen konnte, einmal in Versailles begegnet sei; er habe ihn eingeladen, in einem Café ein Glas oder irgend etwas anderes mit ihm zu trinken; aber Glatigny antwortete, ein Paar Socken seien ihm lieber, worauf Monsieur Mallarmé ihm welche kaufte, er seine alten aus- und die neuen anzog und zur großen Verwunderung der Mädchen im Geschäft davonging.

Man sprach auch über Carolus Duran und Astruc, die zusammenlebten und zueinander sagten: «Wie schön du bist, Shakespeare, wie schön du bist, Velazquez», sie hatten sich nämlich diese Namen zugelegt. Bei einem «Salon» glaubte jeder von ihnen, er habe Erfolg; sie begegneten dort einander, wobei jeder von sich sagte: «Es läuft gut»; es war aber nur Carolus Duran, der Erfolg hatte. Astruc hatte die Angewohnheit, seine Modelle nie zu bezahlen. Als er einmal mit jemandem an seine Haustür kam, stand mit Kreide auf ihr geschrieben: «Ich bin wegen meines Geldes gekommen, Claire», oder irgendein anderer Name. Er tat so, als sähe er es nicht, und wischte mit dem Daumen das «wegen meines Geldes» aus. Monsieur Degas legt seinen ganzen Witz in solche Schilderungen. Wir blieben sehr lange bei ihm sitzen, und es machte mir Spaß, den vier großen Künstlern zuzuhören; aber ich dachte voller Trauer an die reizenden Donnerstagabendessen, es erscheint mir unfaßbar, Papa und Maman nicht unter ihnen allen zu sehen.

*Mittwoch, 27. November*

Wir haben Tante Suzanne besucht, die jetzt in einer sehr netten Wohnung in Asnières wohnt; sie ist dort viel besser untergebracht als in diesem feuchten Haus in Gennevilliers.

*Freitag, 29. November*

Wir sind losgegangen, um Monsieur Renoir zu besuchen, den wir in der Nähe seines Ateliers trafen. «Wollen Sie mitgehen zu Monsieur Degas?» fragte er uns. Wir kommen zum Atelier von Monsieur Degas, der uns öffnet. «Ah, guten Tag, wie geht es dir?» sagt er plötzlich zu mir. «Es tut mir leid, die Photographien sind alle mißlungen, ich habe nicht mehr gewagt, mich bei euch zu melden.» Sein Atelier ist sehr voll, er arbeitete hauptsächlich an der Statue einer nackten Figur. Ein Modell ging gerade hinaus, als wir bei ihm eintraten. «Na, Renoir, wollen Sie ein nettes kleines Modell?» – «Ja, gern, aber ich verreise.» – «Ich kenne Sie», sagte er zu dem Modell und rieb sich die Nase, «ich werde Ihnen schreiben.»

Es klingelt, Monsieur Degas geht öffnen: «Ah, guten Tag, mein alter Freund, wie geht es dir, mein alter Freund?» Es erscheint ein hochgewachsener und eher dicker Herr, der,

Paul Cézanne in der Provence. Julie liebte die Art, wie er Äpfel malte.

nachdem er uns vorgestellt worden ist, zu uns sagt: «Verzeihung, die jungen Damen, aber ich habe keine Haare mehr.» «Sophie ist gestorben», sagt Monsieur Degas traurig zu ihm. «Verdammt noch mal», erwidert der andere, «sehen Sie, meine jungen Damen, alle Freunde machen sich davon, und schließlich ist man auch an der Reihe.» «Ich nehme den Trauerflor von meinem Hut nicht mehr ab», sagt Monsieur Degas und entfernt die Tücher, die Monsieur Zandomeneghis Büste umhüllen. Dieser kommt nicht mehr zum Modellsitzen und wird von Mal zu Mal unfreundlicher. «Sagt dieses Schwein doch: Jeder Mann handelt nach Degas' Wünschen, Bartholomé nimmt seine Befehle entgegen, ich mache das nicht mit!» Allmählich erkennt man die ein wenig schiefe Nase Zandomeneghis, dann seinen ganzen Kopf, es ist ein Wunderwerk. «Eine schöne Fresse hat er», sagt Monsieur Renoir, und tatsächlich liegt im Schwung seines Mundes, seines Schnurrbarts etwas Bestrickendes. Sein Abbild wirkt sehr lebendig. Monsieur Degas scheint mit seiner Portraitbüste zufrieden zu sein (verständlicherweise), er beugt sich vor und beäugt sie aus der Nähe. «Verdammt noch mal», sagt der andere, «ich wollte, ich hätte eine ebenso blöde Visage wie der, dann wäre ich es, der posieren käme.»

Monsieur Degas deckt alle seine Tonformen wieder mit feuchten Tüchern zu, dann nimmt er seine Mütze ab und zieht seinen weißen Kittel aus, zieht Schuhe an, ein Jackett, eine Pelerine, nimmt seinen Hut, und wir gehen alle die Treppe hinunter. Monsieur Degas und sein alter Freund haben einander den Arm um die Schulter gelegt, und Monsieur Degas erzählt ihm, wie seine Schwester gestorben ist. Dann gehen wir mit Monsieur Degas und Monsieur Renoir zu Vollard, wo es eine Cézanne-Ausstellung gibt. Die Stilleben gefallen mir weniger als die, die ich bisher gesehen habe, aber es sind Äpfel dabei und ein außergewöhnlich hübscher Topf. Die blau umhüllten Aktfiguren werden von grünen Bäumen mit feinem lockerem Blattwerk geschützt. Monsieur Degas und Monsieur Renoir gewinnen bei der Auslosung ein wunderschönes aquarelliertes Birnenstilleben und ein kleines Blatt, das eine Mordtat in Südfrankreich darstellt, die nichts Erschreckendes an sich hat; die Figuren in sehr reinen Farben, rot, blau und violett, stehen vor einer Landschaft, die der Bretagne und dem Süden ähnelt: Runde Bäume, Landschaftsausschnitte vor einem blauen Meer mit Inseln im Hintergrund. Monsieur Renoir bewundert auch das meine, ich habe es gekauft, weil ich dachte, es wäre nicht dumm. «Seht euch die kleine Sammlerin an», sagt Monsieur Degas zu mir und zieht mich am Kinn. Wir verabschieden uns von ihm, er umarmt mich und Monsieur Renoir, der unseren Beschützer spielt und uns in eine Trambahn setzt.

*Dienstag, 3. Dezember*

Paule ist heute achtundzwanzig geworden; ich finde das eigentlich sehr jung, sehr jung vor allem, um einem Haushalt vorzustehen. Arme Paule, vielleicht ist es für sie schlimmer als für uns.

Pierre und Jean haben die Windpocken, und jetzt habe ich sie auch, wahrscheinlich habe ich mich bei Monsieur Renoir angesteckt. Ich fühle mich nicht wirklich krank, aber ich darf mit niemandem zusammenkommen, damit ich die Krankheit nicht weitergebe.

Ich fing an, ein Portrait von Maman zu kopieren, das mit dem Gegenlicht in Schwarz, mit Hut und einem Veilchenstrauß am Ausschnitt, gemalt von Onkel Édouard; Maman hatte es beim Verkauf der Sammlung Duret erworben. Es hängt in meinem Zimmer, und ich sehe es von meinem Bett aus; es ist wunderschön und hervorragend ausgeführt, man würde nie glauben, daß es in ein oder höchstens zwei Sitzungen entstanden ist. Maman sagte mir, sie habe dafür am Tag vor einem der Donnerstagabendessen, die es bei Omama gab, posiert. An jenem Tag sagte Onkel Édouard zu Maman, daß sie Papa heiraten sollte, und sprach sehr lange mit ihr darüber.

*Bemerkungen, die Madame Ernest Rouart (Julie Manet) nach einem Besuch Jean Renoirs in Le Mesnil im August 1961 hinzufügte.*

Jean Renoir und Dido beenden den Tag bei uns und essen mit uns zu Abend, wie sie es auch am 5. Juli getan haben.

Jean, wie immer sehr herzlich, erzählt mir von den Erinnerungen an seinen Vater, die er veröffentlicht («Renoir par Jean Renoir», Hachette), es ist ein unerschöpfliches Thema für uns; ich erzähle ihm von den Monaten August und September, die wir in Pont-Aven und in Tréboul verbrachten, wo wir 1895 mit seinen Eltern seinen ersten Geburtstag feierten, von all den Aufmerksamkeiten, die sein Vater meinen Cousinen und mir erwies, als er mir einen steifen Hals wegmassierte, uns seinen Malerschirm überließ, damit wir uns am Strand entkleiden könnten, die Mühe auf sich nahm, uns bis Châteaulin entgegenzukommen, damit wir nicht eine Nacht allein im Hotel verbringen mußten.

Er ging ins Wasser, um Pierre Schwimmen und Tauchen beizubringen, und wurde dabei immer grüner, während Madame Renoir, die zu schwitzen anfing, wenn sie in kurzen Stößen schwamm, uns als Boje diente und Pierre zu ihr sagte: «Von unten gesehen bist du noch dicker, Maman.» Er war ein reizendes Kind, lief mit einer kleinen Platte hinter seinem Vater her und sagte: «Ich will eine kleine Studie machen.»

Jean sagte zu mir, sein Vater sei im März gerade im Begriff gewesen, Seite an Seite mit Cézanne zu malen, als er von Mamans Tod erfuhr; er schloß seinen Kasten und nahm den nächsten Zug. Ich habe nie vergessen, wie er in der Rue Weber in mein Zimmer kam, mich an sich drückte; ich sehe noch seine weiße rotgepunktete Künstlerschleife vor mir.

# 1896

*Berthe Morisots Todestag jährt sich zum erstenmal · Vorbereitungen für die Berthe-Morisot-Retrospektive bei Durand-Ruel · Monet wählt ein Bild aus · Streitgespräch zwischen Degas und Monet · Julie beschreibt die Ausstellung · Mallarmé kommt zum Abendessen · Man liest Opapas alte Briefe · Julie begleitet Paule zur Bank: Ein komisches Mißgeschick · Besuch des Zaren Nikolaus II. · Ein prachtvolles Feuerwerk · Mittagessen bei Renoir auf dem Montmartre · Renoirs und Mallarmés Silvesterbesuch*

*Montag, 2. März*

Ein Jahr ist es her, daß Maman von ihren Leiden erlöst wurde! Sie hat schwer gelitten, körperlich ebenso wie seelisch. Ein ganzes Jahr ist schon vergangen! Kalt war es, das Wetter entsprach dem Schmerz, der unsere Herzen erfüllte; heute trage ich nur noch den Trauerflor; die Natur ist heiter. Die Eiben auf dem Friedhof stehen vor einem blauen, leicht bewölkten Himmel, und auf den steinernen Gräbern liegen bunte Kränze. Unter dem großen Laubbaum, der sich als erster über Édouard Manet neigte, blüht zwischen den gefiederten Filipendulas die strahlend weiße Azalee und läßt den Granit freundlicher erscheinen. Es ist etwas Liebliches an diesem Grab, vielleicht ein Ausdruck dessen, daß Maman glücklich ist . . .

Und als wir in die Galerie Durand-Ruel kommen, erwekken die auf dem Boden stehenden Gemälde den Eindruck einer Helle, die dem Weiß der Azalee gleicht.

Monsieur Monet ist schon da, er umarmt und küßt mich sehr zärtlich, und ich freue mich sehr, ihn wiederzusehen; es ist richtig lieb von ihm, gleich herbeizueilen, seine Arbeit im

Stich zu lassen. Auch Monsieur Degas kümmert sich um das Hängen der Bilder, später kommt Monsieur Renoir; er sieht ziemlich schlecht aus. Monsieur Mallarmé hat sich bereit erklärt, wegen des Katalogs in die Druckerei zu gehen.

*Dienstag, 3. März*

Einen weiteren Tag bei Durand-Ruel verbracht; die Bilder machen sich immer besser. Monsieur Monet legt keine Pause ein. Die Kopien nach Boucher, dann die nach Veronese und andere Bilder werden verlangt, es ist mehr Platz vorhanden, als man dachte.

*Mittwoch, 4. März*

Mit Tante Edma und Blanche zu Durand-Ruel. Die Büste hingebracht. Wir treffen Degas an; ganz allein hängt er im hinteren Raum Zeichnungen. Ständig wiederholt er, daß das Publikum ihn nicht interessiere, diese Leute, die mit ganz runden Augen umhergehen und die Bilder betrachten oder sie vielmehr ansehen, ohne sie zu sehen, und dazu sagen: «Schön, sehr schön ist das.» Als Tante Edma sagte: «Wollen Sie eine Tänzerin von der Oper empfangen?», erwiderte er: «Kommt mit.» Die Tänzerin trat aus einem kleinen Raum und sagte mit lauter Stimme: «Ach, guten Tag, mein lieber Degas, wer ist diese Dame? Sie gleicht der, die vergangenes Jahr gestorben ist. Wie geht es Ihnen? Ich verfolge Sie bis hierher, denn ich meine, ich kann mich besser mit Ihnen verständigen, wenn ich mit Ihnen spreche, als wenn ich Ihnen schreibe», und so fort. Ich wagte nicht zu bleiben und weiter zuzuhören. Als sie weggegangen war, kam Monsieur Degas zu mir und sagte, wobei er mich an der Nase zog: «Nun, diese Tänzerin ist ganz schön dreist; sie wollte mich zusammen mit dem König von Serbien, der kürzlich zu Gunsten seines Sohnes abgedankt hat, zu sich nach Hause zu einem Abendessen einladen. Ich habe schon letzten Dienstag abgelehnt und mußte nun wohl oder übel für den Donnerstag an Mittfasten annehmen. Was bleibt mir anderes übrig? Vermutlich wird es mich sogar erheitern, dieses seltsame Geschöpf zu besuchen.»

Monsieur Monet wählt das Bild aus, das Maman ihm hinterlassen hat, er nimmt ein Werk, das mich und Laërte zeigt und das ich sehr mag. Ich freue mich, daß es nun Monsieur Monet gehört; er umarmt mich sehr gütig und sagt zu mir: «Sie ist lieb.» Er lädt uns nach Giverny ein.

Madame Monet und Mademoiselle Blanche kommen; Madame Berthe ist noch immer ziemlich krank.

Seit Montag sind schon mehrere Leute dagewesen. Arsène Alexandre und Geoffroy kommen häufig.

Abends fragt man sich, wie am nächsten Tag alles bereit sein soll, und verabredet sich für den Morgen; jetzt gilt es zu entscheiden, ob man den Wandschirm mit den Zeichnungen und den Aquarellen in die Mitte des großen Raumes oder in die Mitte des hinteren Raumes stellt. Monsieur Degas möchte als einziger, daß der Wandschirm im großen Raum bleibt, den er teilt, so daß es an Platz zum Zurücktreten fehlt, um die großen Bilder wie *Die Kirschbäume* zu betrachten, die große Kopie von Boucher, *Die Gans* usw. und auch andere kleine, die in den Tönen so gut miteinander harmonieren, daß man sie aus einem gewissen Abstand nebeneinander betrachten sollte. Monsieur Degas kann es nicht hören, wenn man von einer zusammenhängenden Gruppe spricht. «Es gibt keine zusammenhängende Gruppe», sagt er, «nur Dummköpfe sehen eine zusammenhängende Gruppe; was soll das heißen, wenn in einer Zeitung geschrieben steht: ‹In diesem Jahr machte der Salon ganz allgemein einen weitaus besseren Eindruck als im vergangenen Jahr?›»

Gegen sechs Uhr, als es Nacht wird und nur die Bilder ein paar Lichtstrahlen festhalten, die sie erhellen, als alle diese Jungmädchenportraits sich immer mehr beleben und der Wandschirm noch mehr wie eine Mauer wirkt, fragt Monsieur Monet Monsieur Degas, ob er morgen früh nicht doch versuchen wolle zu sehen, wie sich der umstrittene Wandschirm im hinteren Raum mache, doch Monsieur Degas behauptet, man würde sich dann nicht mehr die Zeichnungen ansehen, die darauf sind: «Diese Zeichnungen sind großartig, ich halte sie für ebenso qualitativ wie die Gemälde.» «Der Wandschirm verleiht diesem hübschen Raum eine intime Atmosphäre», sagt Monsieur Mallarmé. «Die Zeichnungen inmitten der Gemälde würden das Publikum verwirren.» «Was kümmert mich das Publikum? Es sieht ohnehin nichts, diese Ausstellung, wir machen sie ja für mich, für uns; Sie wollen doch das Publikum nicht etwas sehen lehren?» sagt Monsieur Degas heftig. «Aber ja doch», erwidert Monsieur Monet, «wir wollen es versuchen. Wenn wir diese Ausstellung einzig und allein für uns machen, brauchten wir alle diese Bilder nicht aufzuhängen, wir könnten sie einfach auf den Boden legen.» Während dieses Streitgesprächs sagt Monsieur Renoir zu uns, daß er gern mitten im Raum einen Puff hätte; es sei doch angenehm, die Bilder sitzend betrachten zu können; doch Monsieur Degas will davon nichts wissen: «Ich würde, wenn nötig, dreizehn Stunden hintereinander auf den Beinen bleiben.» Es ist dunkel geworden. Beim Sprechen geht Monsieur Degas auf und ab. In seiner weiten Pelerine und mit dem Zylinder auf dem Kopf wirkt er sehr komisch; Monsieur Monet steht und spricht mit lauter Stimme, Monsieur Mallarmé streckt be-

*Berthe Morisot.* Julie und ihre Puppe

*Julie Manet.* Mallarmé mit seinem Boot auf der Seine bei Valvins

*Berthe Morisot*. Am See *oder* Kleines Mädchen mit Schwan. Julie füttert im Bois de Boulogne Schwäne.

*Berthe Morisot*. Selbstbildnis mit Julie

schwichtigend die Hand aus und spricht so bedächtig wie immer. Monsieur Renoir hat sich erschöpft auf einen Stuhl gesetzt. Die Männer von Durand-Ruel lachen. «Er wird nicht nachgeben», sagen sie. Mademoiselle Blanche, Jeannie und ich hören zu. «Würden Sie bitte diesen von mir so hochgeschätzten Paravent entfernen», sagt Monsieur Degas mit Betonung auf dem Wort hochgeschätzt. «Es ist Madame Manet, die wir hochschätzen», erwidert Monsieur Monet, «es geht nicht um einen Wandschirm, sondern um die Ausstellung von Madame Manet. Sagen Sie lieber, daß wir morgen den Paravent im anderen Raum ausprobieren.» «Wenn Sie mir versichern, daß Sie wirklich der Meinung sind, dieser Raum sei besser ohne ihn.» «Ja, ich bin der Meinung.» Doch die Diskussion geht trotzdem weiter; plötzlich streckt Monsieur Degas Jeannie und mir die Hand hin und geht zur Tür; Monsieur Monet hält ihn zurück, und sie drücken sich die Hände; als Monsieur Mallarmé das Wort Puff auszusprechen wagt, stürzt Monsieur Degas wutentbrannt in den kleinen Gang hinaus, die Tür schließt sich hinter ihm, er ist fort; wir verabschieden uns leicht verdutzt.

Ich bin um neun Uhr bei Durand-Ruel, es sind nur die Männer da, die die Räume fegen. Ich fahre fort, die Bilder mit Nummern zu versehen; dann treffen auch Monsieur Monet und Monsieur Renoir ein. «Degas kommt nicht», sagt Monsieur Renoir, «er würde nur den ganzen Tag auf einer Leiter stehen und sagen: ‹Könnte man nicht ein Seil an die Tür tun, damit niemand hereinkommt!› Ich kenne das.» Und tatsächlich, Monsieur Degas läßt sich den ganzen Vormittag nicht sehen. Wir beschließen, den Paravent in den rückwärtigen Saal zu stellen, und hängen die Aquarelle und Zeichnungen daran auf. Schließlich ist alles fertig und wunderschön angeordnet, eine großartige Ausstellung. In dem kleinen Raum auf der Seite zur Rue Laffitte hin befinden sich alle frühen Werke. An der hinteren Wand *Auf dem Rasen*, ein großes Pastell von Tante Edma, Blanche im Gras liegend, den Kopf an ihre Mutter gelehnt, und ein Stück weiter Jeanne; das Bild, das in Maurecourt entstand, ist in einem Grünton gehalten, von dem sich Blanches rosa Gesichtchen mit dem blonden Haar abhebt. Darunter *Schmetterlingsjagd*, ebenfalls in Maurecourt entstanden, mit Tante Edma und ihren Töchtern; ich kannte diese beiden Bilder nicht. Rechts *Das Frühstück im Freien*, gemalt in der Normandie in Beuzeval. Papa hat dafür posiert, er liegt im Gras, die perspektivische Verkürzung ist erstaunlich gut gezeichnet, die Frauenfigur in Blau zeigt eine anmutige Bewegung, ihre Hand (obwohl diese Gestalt sehr klein ist) ist sehr gut ausgearbeitet, sie greift in einen Korb nach einer Orange, das Brot, die Karaffe, die Gläser auf dem weißen Tischtuch sind ebenfalls sehr gut ausgearbeitet. Ich freue mich, dieses Bild wiederzusehen, das Grün des Grases ist weich und hüllt die Gestalten so schön ein. Rundherum hängen *Der kleine Kirschbaum*, ein jüngeres Werk – wir haben nämlich ein paar neuere Werke unter die frühen gemischt, was sich sehr gut macht. Die Zweige des Kirschbaums vor dem blauen Himmel haben Edelsteinfarben.

Das Stilleben, das sonst in Paules und Jeannies Zimmer hängt, *Rosen vor einer Gravur*; diese Rosen, ich erinnere mich, hatten wir in den Hallen geholt, zu dritt waren wir um vier Uhr morgens hingegangen, ungefähr acht Jahre ist das jetzt her. In der Ecke *Teich und Taubenhaus*: das Türmchen von Vassé mit dem Teich davor, in dem sich die einsamen Herbstbäume spiegeln, ein Werk aus dem Jahr 1892, gemalt während der acht Tage in Vassé, die uns so lang erschienen; das große Schloß in der Novemberstimmung hatte auf uns beide, Maman und mich, gleichermaßen niederdrückend gewirkt; daß Papa in Vassé nicht im Kreis seiner Familie weilte, erschien mir unfaßlich. «Als ich daran arbeitete», sagte eines Tages Maman zu mir und deutete auf diese wunderhübsche Landschaft, «konnte ich, wenn ich allein in meinem Zimmer war, die Tränen nicht zurückhalten.» Darum wirkt das Spiegelbild der Bäume im grauen Wasser so, als sehe man die Landschaft durch eine Träne.

*Blick aus dem Museum von Tours*, gleiches Entstehungsjahr, in sehr zarten rosa Tönen. *Das Hafenbecken von Fécamp*, graue Häuser, die sich in der Ferne erheben, im Vordergrund Getreide. *Die Baustelle*, Papa und Maman fertigten in dem Jahr vor ihrer Hochzeit jeder eine Studie von dieser Baustelle an; dann schenkte Maman die ihre Papa, später wollte Portier sie haben; er verkaufte sie nicht, und erst vor zwei oder drei Jahren kehrte dieses kleine Bild nach Hause zurück, und ich lernte es kennen.

*England*, zwei niedliche englische Kinder auf einer Weide. *Tagesanbruch*, ein ganz kleines Seestück in Pastell, nur das rosa Meer mit einem kleinen Boot darauf; es strahlt die Heiterkeit des Sonnenaufgangs über der unermeßlichen Weite des Meeres aus, eines schönen Meeres, das nun heiter wird, ja, vielleicht sogar lieblich, ebenso rosa wie der Himmel und der Sand des Strandes, und die Strahlen des aufsteigenden Gestirns empfängt. Monsieur Monet findet dieses Pastell entzückend, ich bin ganz seiner Meinung; lange Zeit hatte ich mir übrigens gewünscht, daß es mir gehöre, und eines Tages schenkte Maman es mir. Links *Interieur:* eine schwarzgekleidete sitzende Frau im Profil, mit Gegenlicht, hinter ihr ein vergoldeter Blumenständer und im Hintergrund ein Fenster, Tante Edma und Jeanne schauen zum Fenster hinaus. Das Schwarz des Kleides ist wunderbar, und erst die Transparenz des Stoffes auf den Armen! Sehr gut herausgearbeitet sind die schönen Hände, diese Gestalt hat etwas Naives und gleichzeitig Weises. Sehr schön gemalt sind auch die Möbel. *Dame in Schwarz:* eine stehende Figur, eine Lorgnette in der Hand, sehr feine Darstellung. *Insel Wight, Strand von Fécamp, Hafen von Fécamp, England:* Papas Portrait, auf dem er im Profil zu sehen ist; er blickt durch das Fenster eines kleinen Landhauses aufs Meer, auf dem Fensterbrett stehen Blumentöpfe, außerdem sieht man auf dem Bild einen kleinen Garten, Leute, die an einem ziemlich grünen Meer und vor einem weißen, sehr leichten Segel vor dem grünen Himmel spazierengehen; man spürt die Stimmung, die draußen herrscht, empfunden von jemandem, der sich in einem düsteren Raum befindet und zwischen den Vorhängen hindurchblickt. Dieses Bild wurde 1875 auf der Englandreise gemalt, die Papa und Maman nach ihrer Hochzeit unternahmen. Es hängt in meinem Zimmer und hing vorher in dem von Maman während ihrer letzten Lebensmonate. *Ein englisches Seestück*, das Monsieur Degas sehr liebt und das er mit großer Sorgfalt laviert hat. Es zeigt eine kleine, sehr schlanke Frau in Schwarz vor einem grünen Meer mit hervorragend gezeichneten Dampf- und Segelschiffen.

Rechte Wand: In der Mitte das große Gemälde, das sonst im Salon hängt; Papa sitzt, von der Seite her gesehen, auf einer Bank im Garten von Bougival, und ich, noch ganz klein, baue auf seinem Schoß ein Dorf; die leuchtenden Stockrosen dahinter wirken wie ein Fresko; das Bild ist auf der Rückseite eines anderen gemalt. Darunter *Versteckenspielen:* Tante Edma und Jeanne als ganz kleines Mädchen in Maurecourt unter einem früchteschweren kleinen Kirschbaum. Man sieht das Dorf, und im Gras liegt umgekippt ein offener Sonnenschirm. Tante Edma trägt einen Hut mit grünem Gazeschleier. Rechts *Anemonen in einem Glas*. Daneben *Auf dem Ball:* eine sehr dunkelhaarige dekolletierte Frau mit einer tiefvioletten matten Blume an der weißen Musselinbluse und sehr gut gemalten Handschuhen hält einen ebenfalls schön gemalten Fächer in der Hand; es ist ein ziemlich frühes Werk, das ich sehr liebe. Ich sah es zum erstenmal bei der Ausstellung von 1892. Es gehört Monsieur Donop de Monchy, der viele andere ebenfalls wunderschöne Bilder besitzt. Es hing früher im Eßzimmer der Wohnung an der Avenue d'Eylau, wo ich und auch Jeannie geboren wurden. Darunter: *Das Taubenhaus von Le Mesnil*, gemalt 1892, vom Hof her gesehen. Daneben *Hafen von Nizza*. Ein kleines hellgelbes Boot spiegelt sich im blauen Wasser, dahinter sieht man größere in allen Farben, und zwischen den Masten erkennt man die rosafarbenen Häuser; dieses Bild entstand auf unserer ersten Reise nach Nizza 1881; Maman malte in einem Boot mitten im Hafen, und ich beobachtete sie vom Kai aus, hätte gerne bei ihr in dem Boot gesessen, hatte aber gleichzeitig große Angst davor. Links *Die blaue Vase* mit einer kleinen Sonnenblume zwischen den Dahlien; sie hängt in unserem Eßzimmer und macht sich sehr gut unter den bretonischen Bäuerinnen. Daneben *Kleines Mädchen mit Hyazinthen*, ein sehr schön ausgearbeitetes und wunderbar gezeichnetes Pastell aus der Zeit vor dem Krieg: Das kleine Mädchen gießt Wasser auf Hyazinthen, und ihr Bild wird von einem Spiegel zurückgeworfen. Darunter *Englisches Seestück:* Vor einem blaßblauen Meer spazieren mehrere Leute. Daneben *Frau beim Wäscheaufhängen*, die Wäsche ist von strahlendem Weiß und die Bewegung der Frau mit den erhobenen Armen sehr schön; dieses Bild wurde auf der Rückseite eines anderen gemalt.

Linke Wand: in der Mitte *Bildnis Tante Edma*, in schwarzem Kleid, ein Pastell, das vor Blanches Geburt entstand; es ist ein sehr schönes Werk. Darunter ein Flachrelief aus Zinn, das Marthe im Hemd darstellt mit Jeanne Marie zu ihren Füßen. Auf einem Tisch davor: die rosa Tonbüste, die mich im Alter von sieben Jahren zeigt, so jugendlich, so lebendig. Rechts *Ein Winkel in Paris, vom alten Trocadéro aus gesehen*: das Panthéon, der Invalidendom, Sainte-Clotilde, Saint-Sulpice, die, großartig gezeichnet, in den Himmel ragen, die Seine, die sich zwischen den Häusern hindurchwindet und vor dem Rasen des Trocadéro eine Frau und ein kleines Mädchen. Darunter *Zerteilter Apfel*, ein Stilleben, das in meinem Zimmer hängt. Das Innere des Apfels ist sehr weiß, mit zwei schwarzen Kernen; er liegt auf einem Holztisch vor einer böhmischen Glaskaraffe. Daneben das *Speisezimmer* der Parterrewohnung in der Rue de Villejust, Pasie beim Abdecken und Gamin, mein kleiner Hund, der im Vordergrund spielt. Links *Der Hafen von Lorient:* Tante Edma, weißgekleidet, in der Hand einen offenen Sonnenschirm, sitzt in einer Ecke des Bildes auf einem Mäuerchen, der Kai mit der Baumreihe vor den Häusern ist unerhört naturgetreu, und das sehr durchsichtige blaue Wasser sieht so aus wie an dem Tag, als wir Lorient besuchten. Daneben *Die Wiege;* das Bild zeigt Blanche hinter duftigen Musselinvorhängen und Tante Edma im grauen Kleid, die sich anmutig über sie beugt.

Darunter *Die Unterrichtsstunde im Garten:* Papa in Grau mit Strohhut und ich in hellem Kleid mit einem riesigen Strohhut aus Jersey und einer Katze auf dem Schoß sitzen auf der grünen Bank im Garten der Rue de Villejust, und die ganze Blumenpracht leuchtet im Sonnenlicht. Rechts *Der Kirschbaum:* Es ist der am sorgfältigsten ausgearbeitete, begonnen in Mézy, mit Jeannie, die den Korb hält, und mir auf der Leiter beim Kirschenpflücken; es wurde in der Rue Weber mit einem sehr netten Modell fertiggestellt, und Jeannie blieb so, wie sie war; der Himmel ist der eines warmen Sommertages, die Arme der oberen Gestalt und die Zweige des Kirschbaums sind wunderbar gezeichnet, das rosa Kleid reflektiert die Grüntöne des Baums, und die weiche Atmosphäre dämpft die hellen Lichtflecke auf dem Kleid; die untere Figur, die einen schönen Strohhut trägt, schimmert ebenfalls grünlich. Der linkshängende *Kirschbaum* wurde zwischen dem Beginn und der Vollendung des anderen in der Rue de Villejust gemalt, sein Himmel ist blauer, die äußeren Grüntöne sind leuchtender, die obere Gestalt im weißen, rosa geblümten Kleid steht weniger im Schatten und hebt die Arme höher, die untere trägt ebenfalls ein helleres Kleid. Viele Leute wissen nicht, welchem der beiden Bilder sie den Vorzug geben sollen, sie schwanken, die Meinungen sind geteilt; Monsieur Degas mag Nummer drei lieber; Monsieur Renoir gefällt es im ganzen besser, zieht aber einige Partien des anderen vor. Monsieur Monet bewundert alle beide, Monsieur Mallarmé mag Nummer zwei lieber, und ich auch; vielleicht weil Maman es für weitaus besser hielt und mehr daran gearbeitet hat. Vergangenes Jahr im Januar hatte Camentron dieses Bild mitgenommen, um es zu verkaufen. Maman wollte nur tausendfünfhundert Francs dafür haben, aber als es weg war, tat es ihr leid, und sie schrieb Camentron, er solle es ihr wiederbringen. Aber er behauptete, er habe es bereits jemandem versprochen, wurde sehr unangenehm und verlangte hundertfünfzig Francs Kommission, die Maman ihm gab, um den *Kirschbaum* wiederzubekommen. Der Interessent war mein Cousin Gabriel, er hatte sich aber noch nicht entschieden gehabt, und alles kam wieder in Ordnung; Maman versprach ihm, ein dekoratives Bild eigens für ihn zu malen. Als *Der Kirschbaum* Anfang Februar in das kleine Atelier in der Rue Weber zurückkehrte, sagte Maman zu mir: «Ich habe gut daran getan, ihn nicht zu verkaufen; ich habe so lange in Mézy daran gearbeitet, letztes Jahr, als dein Vater noch lebte, ich hänge daran, und du wirst sehen, nach meinem Tod wirst du froh sein, ihn zu besitzen.» Und einen Monat später war sie tot, und mir wird warm ums Herz, wenn ich dieses köstliche Bild betrachte, das jetzt in unserem Salon der *Gans* gegenüber hängt und das ich jeden Tag ansehe und dabei an diesen Satz denke. Ach, als Maman das zu mir sagte, wie konnte ich ahnen, daß sie dem Tode schon so nahe war, daß sie nur noch dreißig Tage zu leben hatte! Wie wichtig ist es doch, daß Gott uns hilft, so etwas zu ertragen!

Neben dem *Kirschbaum* hängt *Die Gans*, eine sehr schöne Gans neben einem ein wenig gelben Laubbaum; sie bewegt sich hoheitsvoll vor dem See, an dessen Ufer Schilf wächst; zwei Enten landen darauf, im Hintergrund die in das Blau des Himmels gehüllte Insel; es ist ein Musterbeispiel für ein dekoratives Bild. Dann *Gänse am Seeufer*, sehr ähnlich dem anderen Bild, mit einem kleinen Boot auf dem blauen Wasser hinter zwei großen Gänsen und einigen Bäumen, die sich im See spiegeln; dieses schöne Gemälde war ohne Sorgfalt eingerollt wie viele andere, und als ich es fand, war es ziemlich beschädigt. Unter diesen Gänsen war ein *Portrait von Jeannie*, es hängt in unserem kleinen Salon als Gegenstück zu dem meinen, der tiefgrüne Hintergrund ist nicht ganz fertiggestellt, Jeannies Kopf reizend, sehr ähnlich, ihr blondes Haar vor dem grünen Hintergrund hat eine hinreißende Farbe, ihr schöner langer Hals erhebt sich aus einem schwarzen, viereckig ausgeschnittenen Kleid, das mit der Maman eigenen Leichtigkeit gemalt ist. Daneben *Bauernmädchen aus Nizza*, ein Naturkind mit dunklem Teint und großen schwarzen Augen, einer Rose am blauen Kleidchen, vor dem Hintergrund der Berge, die den Var säumen. Nach ihrer Rückkehr von Nizza zeigte Maman das Bild Monsieur Gigoux, der glaubte, es sei mein Portrait: «Das ist doch Ihre Kleine», sagte er, «aber sie ist ja ganz armselig gekleidet.» An der Wandleiste: *Am Ufer des Sees*, über dem Wasser und vor dem Hintergrund der Bäume sieht man in einem grünen Licht Bibi in Weiß von hinten und Pasie in Lila die Uferböschung hinaufsteigen. *Die Schwäne*, drei Schwäne auf dem Wasser; sehr poetisch, das Weiß dieser Schwäne, ihre Schatten, ihre Halbtöne, die Reflexe des fahlen Wassers, all das ist unbeschreiblich. *Vor dem Spiegel:* ein dickes Mädchen, von hinten beim Kämmen, ein kleiner Spiegel wirft ihr rundes rosa Gesicht zurück, der Kopf ist ganz allerliebst. Ich selbst schreibend vor dem Fenster, im grünen Kleid, das Gesicht im Gegenlicht, vor einem Hintergrund von Schnee, den man durch das Fenster erblickt; das erinnert mich so sehr an diesen Winter, als Papa noch bei uns weilte. Eine Kopie nach Boucher: *Apolls Nymphen bei Leto*, ein Bild, das sich im Museum von Tours befindet; Maman hat die Anmut und die Geschmeidigkeit dieser Nymphen ganz genau wiedergegeben, ebenso das matte dunkle Gehölz dahinter; es erinnert mich an die ersten Zeilen des «Nachmittags eines Fauns» von Monsieur Mallarmé: «Diesen Nymphen in ihrer anmutigen Nacktheit möchte ich Ewigkeit verleihen...» usw. Links *Der Kirschbaum* Nummer drei; *Der Garten*, ein prachtvolles großflächiges Gemälde; eine lebensgroße Frauengestalt sitzt im Garten der Rue de Villejust, sie trägt einen Strohhut mit Mohnblumen, der ihr Gesicht leicht beschattet; ihr Kleid ist violett, und sie hat einen Fächer in der Hand; hinter einem Stiefmütterchenbeet steht Bibi mit Hütchen vor einem Birnbaumspalier. Das leicht bläuliche Laubwerk ist wunderhübsch. Darunter *Chrysanthemen in einem Fayencekorb* auf rosa Grund, ein Spätwerk, das wir in dem kleinen Raum als Gegenstück zu dem Bild aufgehängt haben, das sich daneben befindet, nämlich *Der Garten von Portrieux:* Eine Tür hebt sich gegen den blauen Himmel ab, den man über der Mauer erblickt, an der Spalierbirnen reifen; Jeannie, das schöne goldblonde Haar offen, sitzt da und ißt eine Birne, ich bin an ihrer Seite, und aus dem Hintergrund kommt eine kleine Gestalt in Weiß mit einem Korb am Arm herbei, auch das bin ich. Auf der Wandleiste: *Pariserin*, ein wunderhübsches Bild, diese Frau im Profil, mit schwarzer Kapotte, gelber oder brauner geblümter Kostümjacke und gelben Wildlederhandschuhen an den Händen, die die blaue Schleife binden. Ich kannte dieses anmutige, so weibliche und besonders französische Werk, das an das 18. Jahrhundert erinnerte, noch nicht. Der Kunstsammler, der es besitzt, Monsieur Leclanché, wollte es nicht ausleihen, erst auf einen Brief Monsieur Monets hin schickte er es. Mein Bildnis «in hellrosa Kleid vor dunkler Perlenportiere» zeigt mich mit Seitenscheitel und orangefarbener Schleife, sehr rundem und ägyptischem Gesicht, roten Lippen, um den Hals eine Perlenkette, hübschen kleinen Händen, einem Türkisring, auf dem Schoß ein altes Buch, einen Racine, und ich rezitiere: «Tretet herbei, Nero, und nehmt euern Platz ein ....» Es ist ein höchst eigenartiges Portrait, denn es hat Strenge und Weichheit zugleich. *Nach dem Bad:* Im rosa Badezimmer sitzt eine kleine Frau mit weißer Haube, den nackten Oberkörper in herrlichem rosa Inkarnat. *Kleines Mädchen mit Vogel:* Cocotte im weißen Kleid vor

Kiefernzweigen mit Cuicui vor sich, dem so lieben zahmen Vögelchen; das blaue Band in Cocottes Haar hebt sich als heller Fleck von dem Grün ab; sie hält den Blick leicht auf Cuicui gesenkt, die groben roten Hände sind auf den Knien zusammengelegt. *Die Lektüre:* Jeanne Bonnet in grauem Kleid beim Lesen, der Zopf hängt über dem Korbstuhl, am Fenster des Eßzimmers der Rue de Villejust, von wo aus man das Grün des Gartens sieht. Dieses Bild war schon einmal bei Durand-Ruel ausgestellt, und zwar bei der letzten Gruppenausstellung der Impressionisten.

Rechte Seite der rechten Wand: in der Mitte *Jeannes Portrait*, ein Bildnis im Hochformat, auf dem der Kopf mit dem eng anliegenden schwarzen Haar von dem weißen, durch ein kräftiges Licht erhellten Arm gestützt wird, der auf dem Rand des Empiresofas aufliegt; Jeanne trägt ein orangefarbenes Musselinkleid. Das im Sommer 1894 entstandene Gemälde sieht in Tante Edmas weißem Salon großartig aus. Darunter *Das Bad*, das gleiche Motiv wie das Flachrelief: Marthe inmitten von Grün und blühenden Wasserlilien auf einem Hügelchen sitzend, wunderbar in der Bewegung, ebenso Jeanne Marie, die ihr die Füße abtrocknet, ihr Haar glänzt neben der blauen Bluse. Rechts: *Vor dem Standspiegel:* Eine Frau, die ihr Hemd fallengelassen hat, frisiert sich mit schöner Armbewegung vor einem Empire-Standspiegel, der ihr Bild zurückwirft. Daneben *Garten von Bougival:* An dem kleinen Gitter in der Mitte, vor den hellen Stockrosen mit ihren schönen Farben sieht man Marcel in Blau; das Bild atmet die Heiterkeit von Bougival, «es ist der glücklichste Augenblick meines Lebens», sagte Maman oft zu mir. Diese beiden Gemälde befinden sich an der Wandleiste, darüber: *Junges Mädchen mit Katze*, es ist das gleiche Modell wie auf der Leiter des *Kirschbaumes* Nummer zwei.

Das blonde Haar verschwimmt mit dem Goldhintergrund, die Haut des Mädchens ist sehr weiß und rosa, der Mund in einem hübschen Rot, auf dem Schatten des Halses eine Perlenkette; das Mädchen lehnt sich gegen ein rotes Seidenkissen und umfängt mit den langen Fingern eine graue Katze mit grünen Augen; dieser goldene Hintergrund ist wunderbar, ich bin entschlossen, das Bild in mein Zimmer zu hängen. Daneben *Landhaus zwischen Orangenbäumen*, gemalt in der Nähe von Nizza, als wir zum erstenmal dort waren; inmitten der Orangenbäume mit gelblich-grünem Laubwerk, in dem die goldenen Äpfel leuchten, steht eine rosa Villa mit Ziegeldach, das sich von dem blauen südlichen Himmel abhebt; dieses großartige Landschaftsbild hängt ebenfalls in meinem Zimmer. Darüber *Liegende Hirtin:* Es ist die scheue Gabrielle aus Mézy, die mit mir zur Erstkommunion ging, mit ihrem roten Taschentuch auf dem Kopf, mit lila Rock, im Gras ausgestreckt, die kleine Ziege Colette neben sich. Es ist ein sehr schönes dekoratives Werk, das sich noch immer über einem der Spiegel im Salon befindet. Daneben *Uferstraße von Bougival:* Häuser und ein paar Bäume vor blauem Himmel, einige Kinder am Rand der Uferstraße, die zu dem Boot auf der Seine hinblicken, in dem Maman malt. Darüber *In Le Mesnil*, die Enkelin des Malers, ihre Haare haben einen rosa-blonden Ton, vor dem blühenden Garten, in dem Jeannie und ich nicht viel mehr sind als Schatten. Daneben *Das rosa Kleid:* auf einem Hintergrund zwischen Rot und Rosa Marthe in grauem Pelz, mit schwarzem Haar, den weißen Arm auf den Stuhl gestützt, das Gesicht nachdenklich; die Farbgebung und die Zeichnung dieses Bildes sind bewunderungswürdig, es entstand letzten Winter in Mamans Schlafzimmer. Darüber *Das Flageolett*: inmitten des wuchernden Gartens von Mézy Jeannie und ich beim Flageolettspielen, ebenfalls ein äußerst dekoratives Werk, zwei davon haben wir über die Salontür gehängt.

Rechte Seite der großen rechten Wand: in der Mitte *Bildnis Madame Léouzon-Leduc*; welch ein herrliches Gemälde! Von dem grauen Hintergrund heben sich ihre Schultern und ihre prachtvoll gezeichneten schönen Arme ab, die Hände sind auf dem Tisch zusammengelegt, wo neben einem alten Porzellangeschirr eine Rose liegt, das ausgeschnittene blaue Kleid ist von bezaubernder Farbe. Darunter an der Wandleiste *Das Lever*: Die arme kleine Isabelle, die so jung gestorben ist, steigt im Hemd aus dem Bett; wenn man genau hinsieht, merkt man, daß stellenweise die Leinwand gar nicht bemalt ist, und doch wirkt das Bild sehr ausgearbeitet. Rechts *Die Milchschale*: Auf einer der grünen Wiesen von Mézy, wo viele Blumen blühen, trägt Gabrielle in grünem Kleid, das im Ton der Blätter gehalten ist, eine große Milchschale. Daneben *Bildnis J. M.*; oh, wie schön es ist, mein Portrait, ich sehe noch Maman in dem kleinen Atelier in der Rue Weber daran arbeiten; der Hintergrund ist ein dunkles, sehr zurückhaltendes Grün, ich im weißen Kleid neige mich vor, das Gesicht auf den nackten Arm gestützt, das Haar vor dem Gesicht hängend; ich hätte «eine traurige und stolze Miene» sagte die kleine Jeannie, und es stimmt: Ich wirke sehr melancholisch auf diesem anmutsvollen Portrait, man spürt meinen Kummer über das Unglück, das so heftig und so früh über mich hereingebrochen ist. Über Mamans letzten Werken liegt oft ein Hauch von Traurigkeit, ja, sie war so traurig, so unglücklich!

Darüber *Aloën*, ein großartiges Stück Malerei, wie schön komponiert sind die grauen, blauen und gelben sich drehenden Blätter dieser großen Aloën, dieser abgestorbene Baumstamm und die leichten goldenen Bambusrohre vor der alten Tür der Villa Ratti. Daneben *Die Ruhepause*: Den Kopf gegen ein grünes blauumrandetes Kissen zurückgeneigt, entblößt diese Frau mit den schwarzen gewölbten Augenbrauen ihren weißen Hals und den Brustansatz zwischen dem gelblichen Musselin ihres Kleids. Darüber *Blumen in einer Vase aus Rouen*: duftig und hübsch. Links an der Wandleiste *Unter dem Orangenbaum*: Unter den von Früchten schweren Ästen, die an dem grünen gewundenen Stamm herabhängen, sieht man vor einem Rosenstock ein kleines Mädchen mit italienischem Strohhut und rosa Kleidchen, ganz umflossen vom Licht des Gartens, auf dem Boden neben sich einen Käfig, in dem sein grüner Sittich sitzt. Das bin ich mit Pelloque. Daneben *Die Mandoline*: Wieder ich, in Nizza, den Kopf im Profil, mit kurzen Haaren, vorgeneigt, eine Korallenkette um den Hals, in rosa und blauem Kleid, mit nackten Armen, einer runden Mandoline, und sehr beschäftigt wirkend; Monsieur Renoir liebt dieses Bild ganz besonders.

Linke Wand (wenn man von der Rue Laffitte hereinkommt): In der Mitte die *Veranda*, die seit der Ausstellung von 1892 Monsieur Chausson gehört. Früher hing sie im Haus in der Rue de la Princesse über dem Klavier, sie ist groß und wurde für dreihundert Francs verkauft. Es ist das verglaste Speisezimmer von Bougival, wo ich an einem Tisch spiele, auf dem in einer Karaffe hübsch gemalte Blumen stehen; den Hintergrund bilden sehr blaue Bäume, zwischen denen man das Dach des Hauses sieht. Darunter Mamans Selbstbildnis, eine wunderbare Skizze, von der jeder eine Photographie haben möchte; Maman hat sich nicht schöner dargestellt, als sie war, aber man erkennt an diesem Portrait, welch große Künstlerin sie gewesen ist. Sie hat sich von vorn gezeichnet, mit grauem Haar, die Halslinie schwarz abgesetzt, in einer gelblichen Bluse, besetzt mit Blumen, von denen eine «wie ein Orden» wirkt, sagt Monsieur Mallarmé, und recht nobel aussieht, wie Monsieur Régnier findet. Dieses Portrait wurde vor ungefähr zehn Jahren gemalt. Maman ließ es unvollendet, niemand hat es zu sehen bekommen, sie rollte es zusammen und stellte es in einen Schrank oder eine Rumpelkammer; auf der Ausstellung erregt es Bewunderung.

An der Wandleiste rechts *Im Apfelbaum:* Ich sitze in rosablauem Kleidchen und mit weißen Strümpfen auf einem Ast und Jeannie neben mir mit einem großen Strohhut; in diesem Bild, das in Mézy entstand, ist ein bißchen Boucher, ein bißchen Fragonard, es wirkt weich, wie überhaucht von den rosa Tönen des jungen Morgens. Daneben *Mädchen mit Windhund*, ich sitze in schwarzem Seidenkleid und etwas gegen Laërte geneigt, der mit rundem Rücken vor mir steht, im Salon der Rue Weber auf dem beigefarbenen Samtsofa unter einer japanischen Graphik; es ist das herrliche Gemälde, das Monsieur Monet ausgewählt hat. Schräg darunter *Die Geige:* In einem Raum, in dem man die Sonnenstrahlen eines heißen Tages durch die geschlossenen Fensterläden spürt, spielt ein junges Mädchen (ich) in dünnem weißem Kleid vor einem roten Pult Geige. Das daneben hängende *Bad* gehört Monsieur Monet, Maman hat es ihm geschenkt; Isabelle, im Hemd, frisiert sich im Badezimmer und hat eine Elfenbeinbürste auf dem Schoß. Daneben *Unter dem Apfelbaum:* Eine lila gewandete Bäuerin ißt, gegen den Baumstamm gelehnt, einen Apfel. Es ist ein heißer Sommertag in Mézy, der Hintergrund ist leicht verschwommen, eine Ziege auf der Wiese, ein großer blauer Nußbaum. Darunter an der Wandleiste *Die Stickerei:* Alice und ich an ein und demselben Stück Stoff arbeitend, auf dem grauen Empiresofa, Alice in Beige mit ihrem kleinen hochgesteckten Knoten und ihrem feinen Profil. Daneben *Die Frisur*: Welche Anmut, welcher Charme liegen im Umriß der leicht gereckten Gestalt im weißen Morgenmantel, und wie hübsch sieht das schwarze Haar in den Händen der Frau aus, die sie frisiert. Durch ihr blondes Haar, das Reflexe auf ihre blaue Bluse zu werfen scheint, bildet diese zweite Figur einen schönen Gegensatz zur ersten... Auf der Staffelei, die in der Ecke steht, *Die rote Bluse:* Isabelle, einen großen runden Strohhut über dem frischen Gesicht, sitzt in einem Stiefmütterchenbeet, hinter ihr ein Vogelkäfig, ich sehe Maman im Geiste vor mir, wie sie im Garten an diesem schönen Bild arbeitet; Papa entwarf von diesem Motiv gleichzeitig ein Aquarell; dieses Bild wurde bei den Impressionisten bei Petit ausgestellt, es hing neben Monsieur Renoirs schönen Badenden und als Pendant zu Paules Portrait; die rosa und die rote Komposition paßten sehr gut zusammen. Darunter *Die kleine Marcelle:* Dieses Werk ist Mamans letztes gewesen, ein kleines Mädchen in hellem Kleid vor rosafarbenen japanischen Portieren, gegen einen Empiresessel gelehnt; das Gesicht mit den großen schwarzen traurigen Augen ist vom Haar umrahmt; Maman liebte Kinder, die Jugend sehr, und das letzte, was sie malte, war ein kleines Mädchen. Aber es blickt nicht heiter wie die kleinen Mädchen früher, es ist weder Nini noch die strahlende Bibi, nein, dieses kleine Wesen ist traurig, tieftraurig, dem Tode nahe; ach, welch teure, leidvolle Erinnerung für mich! Ich habe nicht miterlebt, wie Maman zum letztenmal daran arbeitete, ich war krank und lag im Bett an dem Tag, an dem sie zum letztenmal ihre Palette in die Hand nahm. Es war vierzehn Tage, bevor sie uns verließ.

*O kleine Marcelle, von Trauer bewegt,*
*Den Tod dein schwarzes Auge erblickt;*
*Du schläfst, von lichter Helle umhegt,*
*Du, deren Abglanz alle entzückt –*
*Schönheit, die der Tod uns entrückt.*

Rechte Seite der linken Wand in der Mitte: *Vor dem Mittagessen*: In der Veranda von Bougival, von der aus man die Geranien des Gartens sieht, nimmt eine Frau in Lila, mit sehr dunklen Augen und blondem Haar, eine durchsichtig grüne Weintraube vom Tisch; dieses großartige Bild hing früher zu Hause; es gehört jetzt Monsieur Vever. Daneben *Der Garten von Maurecourt*: Auf dem grünen Rasen mit rosa Blumen im Hintergrund eine scheu dreinblickende Jeanne mit Edma in gewirktem Gewand und mit langen Haaren, in Rückenansicht. Daneben *Damen beim Blumenpflücken* auf der Insel im Bois de Boulogne: Die Landschaft ist in Blautönen gehalten, ebenso die beiden Frauengestalten. Daneben *Dame mit Fächer*, auf der Ausstellung von 1892 *Träumerei* genannt. Daneben *Junges Mädchen beim Orangenpflücken*: Ein junges Mädchen aus Nizza, ganz und gar eingerahmt von grünen Ästen, die goldene Orangenkugeln tragen, darunter sieht man den verdorrten Boden und dahinter den lila Stamm eines Olivenbaums. Darüber *Frau mit gelbem Strohhut* vor blaugrünem Hintergrund, der Hut ist mit violetten Samtbändern befestigt. Daneben *Kinderkopf*: Die blonde Bibi auf der Veranda von Bougival.

Links an der Wandleiste *Liegende*: Ein blondes junges Mädchen in einem Kleid aus gelber Foulardseide, an den Füßen Pantoffeln, ruht auf einer Empire-Chaiselongue vor einem offenen Fenster, in dem eine Aloë steht; Sonnenstrahlen fallen in den Raum. Darüber *Die Geige*: Ich in einem schwarzen Kleid mit weißem Gürtel, von vorn gesehen, die Geige in schöner perspektivischer Verkürzung, im weißen und grünen Salon der Rue Weber; an der Wand hängen Papas Portrait von Monsieur Degas und Mamans Bildnis von Onkel Édouard. Darüber *Der Kamin:* Zwischen Bronzekandelabern auf weißem Marmorsockel stehen in einer Meißner Vase ein paar Chrysanthemen, ein hübsches Stilleben auf einem farbig geäderten Marmorkamin. Daneben *Bildnis Mademoiselle A. G.:* Alice mit ihrem gescheitelten, enganliegenden blonden Haar und den braunen Augen, ein sehr wirklichkeitsgetreues schlichtes Portrait, das ihre ebenmäßige Schönheit hervorragend wiedergibt. An der Wandleiste neben der *Liegenden* das Bild *Auf dem See*: In einem Boot sitzen ein junges Mädchen mit Strohhut, sein Kleid ist violett, und ein kleines Mädchen in Beige, und über das blaue Wasser gleiten weiße Schwäne; einige nicht dargestellte Bäume spiegeln sich im Wasser. Daneben *Im Bois*, an einer Stelle in der Nähe des Sees, von der aus man die Insel und ihre Blumenbeete, die Spaziergänger und die rund um den See führende Straße erblickt, auf der Fahrräder, Kutschen, Reiter, Fußgänger, Mütter und ihre Kinder vorüberkommen, sieht man vor einem himmelblauen Hintergrund Laërte, der sich stehend von seiner ebenfalls stehenden Herrin, die ganz in Schwarz ist und einen großen Musselinhut trägt, streicheln läßt; das Gras ist ziemlich gelb, im Vordergrund ein grüner Baumstamm. Eine wunderhübsche Impression des Bois im Sommer, jenes Parks, der Maman so viele Motive geliefert hat; sie war sein Maler. Dieses Gemälde wurde nach Skizzen und sehr rasch angefertigt.

Linke Seite der linken Wand: In der Mitte *Mädchen mit Korb*, ein ausgezeichnetes großes Bild: Cocotte mit weißem Musselinhut, dessen Spitzensaum ein wenig die Augen verdeckt, in blaßrosa Kleid, sitzt auf einem Rohrstuhl und hält einen Korb; der Raum ist das grüne Eßzimmer, auf dem Beistelltisch eine Delfter Zuckerdose, Äpfel. Dieses großartige Werk gehört meinem Cousin Gabriel. Maman arbeitete 1892 daran, als Papa krank war und das Zimmer hüten mußte; wenn Cocotte erschien, kam Maman, die Papa Gesellschaft leistete, herunter und malte, das Herz schwer von Sorge. Darunter *Bildnis Lucie Léon*, das im Sommer desselben Jahres entstand, im selben Haus, aber Papa hatte uns bereits verlassen, und alles war verkommen, der große Salon war leer. Es war heiß, und Lucie zog es vor, Krockett zu spielen, statt Klavier zu üben und dabei zu posieren, sie war ein unausstehliches Modell, doch Maman wurde mit allen Schwierigkeiten fertig, und es gelang ihr ein wunderbares Portrait, ganz in Blau gehalten wie Gainsboroughs *Blue Boy*, den dieser schuf, als er gewettet hatte, er werde ein blaues Bild malen. Der Kopf ist im Halbprofil dargestellt, eingerahmt von ihren braunen Haaren, die großen blauen Augen blicken ein wenig traurig, ihr Mund ist rot, die Nase klein; sie trägt ein hellblaues Kleid mit Puffärmeln, ihre ziemlich dicken Arme mit dem goldenen Armband sind rund und wunderbar gemalt; ein wenig vorgeneigt, spielt sie auf einem Klavier aus braunem Holz, auf dem ein Spitzentaschentuch und drei mit einem blauen Band zusammengebundene schöne Rosen liegen, das Ganze vor einem dunkelblauen Hintergrund mit Pfauenfedern. Dieses Portrait Lucies erinnert mich an das kleine Mädchen in Blau am Klavier von David, das im Museum von Le Mans hängt und auf der großen Ausstellung von 1889 gezeigt wurde. Daneben *Die Mozartsonate* im Salon der Rue Weber: Jeannie am Klavier in Schwarz und ich in Lila mit der Geige im Gegenlicht; dieses Bild erntet viel Beifall, von ferne glaubt man, die Gesichtszüge zu erkennen, doch wenn man näher kommt, merkt man, daß man sich getäuscht hat. Daneben *M. M. und seine Tochter im Garten von Bougival*: Unter einem Laubbaum mit ausladenden Ästen sitzt Papa mit einem Zeichenblatt auf den Knien, auf dem Kopf einen großen Strohhut; er trägt einen grauen Leinenanzug und ist äußerst genau wiedergegeben; väterlich blickt er auf das kleine blonde Mädchen im weißen Kleid, das ganz darin vertieft ist, kleine Boote auf einer Wasserfläche schwimmen zu lassen. Darüber *Pfingstrosen*, vor ungefähr neun Jahren im Garten gemalt. Darüber *Mézy*, gesehen von der Aussichtsterrasse des Hauses, in dem wir wohnten: Grau-lila Herbstwetter, Bäume mit goldenem Laub, die am Hang stehen, und unten Hausdächer; ein wundervoll zartes Landschaftsbild. Daneben *Die Insel im Bois de Boulogne*, 1892 für siebenhundert Francs an Monsieur Denis Cochin verkauft: Auf der Insel marschieren ein paar weiße Gänse mit vorgerecktem Hals neben einem Geranienbeet am Ufer des blauen Sees über den Rasen, und man sieht das andere Ufer mit einem dicken Baum, dessen Grün ebenfalls ins Blaue spielt. Ich habe dieses schöne Gemälde vor vier Jahren sehr bewundert und mich gefreut, es jetzt wiederzusehen. Daneben *Beim Aufstehen:* eine Skizze von Pasie vor dem Louis-XVI.-Bett; die nackten Schultern, die sehr blauen Augen sind entzückend. Darüber *Am Oberlauf der Seine*: Auf dem türkisblauen Fluß fährt ein einsames Boot, und vor dem Hintergrund goldgelber Weiden, der kleinen Brücke von Valvins und der violetten Linie des Waldes von Fontainebleau hängen und schwingen dunklere Weidenzweige und spiegeln sich in dem noch hellen schönen Fluß.

An der hinteren Wand des langen Raums sind zwischen den Pastellen alle Zeichnungen oder vielmehr Skizzen der Gärten von Mézy ausgestellt, von Cimiez, der Mädchen von

Nizza unter Orangenbäumen, der hübschen Kinderköpfe, die sich neben den Rötel- und Kohlezeichnungen sehr gut ausmachen. Die Farbkreiden und Aquarelle hängen fast alle auf dem Paravent, der den Raum halbiert und sehr gut wirkt. Unter den Bildern: *Bildnis der Madame Hubbard* (frühes Werk) ganz in Weiß; sie liegt auf ihrem Bett und hält einen Fächer in der Hand, von portraithafter Ähnlichkeit mit dem Modell. Und wie duftig das Weiß ist! *Kleines Mädchen zwischen Tulpen*, ein Bild voller Atmosphäre. *Kleines Mädchen beim Füßewaschen* vor einem Hintergrund von blauem Wasser, mit einem gelben Kopftuch aus Baumwolle als einzige Bekleidung; wie hübsch die Rückenlinie des kleinen Körpers ist! *Der Ministrant*, eines von Mamans letzten Bildern, ein Werk voller Würde!

Es ist unmöglich, von jedem Bild zu sprechen, es würde kein Ende nehmen. Welche Klarheit in der Zeichnung, welche zarten Landschaftsimpressionen, diese Farbkreiden, die Maman als einzige künstlerisch eingesetzt hat, und welch wundervolle Aquarelle, wie eigenwillig sind sie, wie aufschlußreich! Beim Betreten dieses Raums ist jedermann überrascht: «Nie hätte ich geglaubt, daß sie so viel gearbeitet hat.» Maman zeigte diese Zeichnungen nicht alle her, sie verbarg einen Teil ihrer Arbeit, sie wird heute neu entdeckt.

Im kleinen Raum überraschen die Meisterschaft der Jugendwerke, die Genauigkeit der Zeichnung, im großen die außerordentliche Leuchtkraft der Bilder, die den Raum zu erhellen scheinen, die wundervollen geschmeidigen Gestalten, die herrlichen Töne der Blumen, dieses so weibliche Werk, das sich so gut durchgesetzt hat! Im hinteren Raum entzücken die Zeichnung und die Ausarbeitung; die künstlerische Qualität zeigt sich in der flüchtigsten Skizze ebenso wie im sorgfältig ausgearbeiteten Gemälde.

*Freitag, 6. März*

Heute erschienen ein Artikel von Geoffroy im «Journal» und einer von Arsène Alexandre im «Figaro»; der von Alexandre ist sehr gut und vermittelt einen guten Eindruck von der Ausstellung; er enthält einige besonders hübsche Passagen:

«Der Tod will, daß uns heute plötzlich dieses erstaunlich frische, empfindsame, ausgewogene Werk nähergebracht wird. Selten bietet der Tod eine so glanzvolle Tröstung! Und selten erhöht er auf so plötzliche und so vollständige Weise einen Menschen, den er dahinrafft. Selten ist er so sehr Bruder der Auferstehung.»

Einige Zeilen weiter: «Unter anderem hat Madame Morisot die schlichte Poesie, die unbeschreibliche Anmut jener unverfälschten Körperhaltung, wie es das Sitzen ist – sitzende Frau oder sitzendes junges Mädchen, nachdenklich oder verträumt, die nur lose verschränkten Hände im Schoß – wiedergegeben. Das erscheint einfach und drückt dennoch eine bestimmte Art, die Dinge zu sehen, aus.»

*Samstag, 3. Oktober*

Wir machen in der Stadt Besorgungen und kommen auch zu den Champs-Élysées, die für den Zaren aufs schönste hergerichtet werden; am Rond-Point sind alle Bäume mit weißen, rosa und roten Blüten geschmückt, die in der Sonne leuchten und fast aussehen wie echte Blumen; eine Girlande aus weißen Glaskugeln säumt die Straße an beiden Seiten.

Wir statten meiner Tante Chevalier einen Besuch ab; hatten Miss Vos zum Mittagessen.

Abends lesen wir mit Jeannie Briefe von Opapa (Großvater Morisot) an Tante Yves; es sind mehrere sehr hübsche darunter; viele Ermahnungen; in einem ein recht lustiges

Familienportrait: «Berthe scheint sich stets zu wundern, ich weiß nicht, ob über die anderen oder über sich selbst. Edma hält die ganze Woche ihre Mutter zum Narren und verbringt den Sonntag meist damit, sich mit ihrem Bruder zu überwerfen und wieder zu versöhnen. Dieses reizende Kind setzt sich stets ins rechte Licht und tyrannisiert uns alle. Ich schaue sie nur strafend an oder brumme vor mich hin. Unser Verdruß scheint sich Monsieur Guichard mitzuteilen» usw. Ich liebe es sehr, Familienbriefe wiederzulesen, aber die Schriften sind schwer zu entziffern. In einem spricht Opapa von einem Abend, an dem er Mühe hatte, Maman, die weinte, aus dem Garten hereinzuholen. Sie war damals vierzehn und wollte eine Nacht im Freien schlafen, sie hat mir oft von diesem Abend erzählt. Opapa scheint sie sehr verschlossen zu finden und bittet Tante Yves, ihm zu sagen, ob sie etwas von Mamans kleinen Geheimnissen wüßte.

Schließlich fährt in einem gewöhnlichen Wagen ein Herr vorbei, der den Hals reckt, dann kurz darauf ein weiterer, der sich ebenfalls den Hals verdreht. Da ist er ja! Ah! Oh! . . . Der Festzug erscheint, ihm voran mehrere Militärmusikzüge; Jäger, Husaren, in hellblauer Uniform auf Schimmeln reitend, dann die Spahis mit ihren Turbanen, ihren bunten Gewändern – mandelgrün, rot, gelb –, den weiten Mänteln, in die der Wind fährt, auf hinreißenden Araberpferden, deren Kruppen mit bodenlangen, prachtvoll bestickten Stoffen bedeckt sind. Man glaubt, einen Delacroix zu sehen, wenn sich eines dieser in ihren königlichen Schabracken so stolz wirkenden anmutigen Pferde ein wenig aufbäumt, welch ein Augenschmaus! Wie schön, dieses Bataillon, das sich die Farben der leuchtendsten Blumen, der schönsten Edelsteine zu eigen gemacht zu haben scheint, nicht mehr nur durch das Gezweig der Bäume zu erblicken!

*Montag, 5. Oktober*

Am Vormittag Einkäufe in der Stadt; die Straßen sind mit Fahnen und Girlanden geschmückt, über die Boulevards spannen sich rote und gelbe Zelluloidballons.

Nach dem Mittagessen gehe ich mit Paule zu Monsieur Bouts (ihr Bankier), und beim Hinausgehen läßt Paule die tausend Goldfrancs, die sie erhalten hat, fallen; auf allen vieren über das Trottoir kriechend, sammeln wir die Goldstücke wieder ein, und ich muß dermaßen lachen, daß mir die Münzen, die ich aufgehoben habe, immer sofort wieder aus den Händen fallen. Die Passanten werfen uns erstaunte Blicke zu; es war richtig komisch. Monsieur Bouts sagte zu uns, wir sollten uns morgen abend von einem Haus in der Avenue (de) Malakoff aus, das er verwaltet, das Feuerwerk ansehen, und Monsieur Mallarmé war reizenderweise so aufmerksam, für uns auf dem Balkon von Dr. Evans, Avenue du Bois, Plätze zu erbitten, damit wir morgen vormittag den Einzug des Zaren sehen können.

*Dienstag, 6. Oktober*

Das ist die Gelegenheit, meine graue Pelzpelerine und meinen großen Samthut mit den Federn zu tragen; beizeiten treten wir auf den Balkon, um zu sehen, ob sich auf der Avenue du Bois bereits Leute aufgestellt haben und es Zeit ist aufzubrechen. Auf die Wolken folgte Sonnenschein; wir bewundern unsere drei großen Fahnen, die durch zehn aneinandergereihte Oriflammen miteinander verbunden sind; das Ganze bewegt sich hin und her, die Laternen wiegen sich im Wind.

Wir begeben uns zu Dr. Evans in das große Haus an der Ecke Avenue du Bois und Rue de la Pompe; man geleitet uns in einen Raum, durch den man in den Salon gelangt; dort finden wir Madame Marguerite, ihre Söhne und ihre Nichten vor. Der Balkon ist nicht zu, man sieht die Straße ganz wunderbar. Dann und wann gesellt Dr. Evans sich zu uns; er hat alles wirklich sehr gut gerichtet. Plaudernd warten wir etwa eine Stunde; die Menschenmenge auf der Straße wird immer dichter, aber es herrscht Ordnung, Soldaten stehen Spalier. Auf den Seitenalleen versperren viele Wagen die Durchfahrt. Man war der Meinung, die Avenue du Bois genüge sich selbst, darum sind zwischen den noch immer belaubten Bäumen nur einige kleine Oriflammen in verschiedenen Farben gespannt. Man hört Ohs und Ahs und «Was ist das?» Ein zu Tode erschrockener Hund rennt in der Straßenmitte, findet auf keiner Seite einen Spalt, um hindurchzuschlüpfen, sicher ist der arme Kerl nie in seinem Leben mit so viel Beifall bedacht worden. Später taucht ein zweiter auf, aber er sieht erbärmlich aus, läßt den Schwanz hängen, trottet langsam vor sich hin, doch er erhält dennoch eine Ovation. Ab und zu galoppieren berittene Militärs in Richtung auf den Bois, zum Ranelagh-Bahnhof, wo der Zar ankommt.

Hinter Montjaret erscheint die kaiserliche Kutsche. Rechts die Zarin ganz in Weiß, links der Zar und vorn, auf dem Klappsitz, auf dem sonst ein Kind sitzt, der arme Félix Faure mit rotem Kopf, die Knie reichen ihm bis zum Kinn. Andere Wagen folgen; einer ist voll von weißem und malvenfarbenem Musselin: Es sind die Ehrendamen der Kaiserin. Mehrere Abteilungen Berittener schließen den Zug.

Nach dem Abendessen gehen wir in die Avenue Malakoff Nr. 11, wo uns ein sehr liebenswürdiger Concierge eine Kerze gibt, uns sagt, wir sollten in den fünften Stock hinaufsteigen, wir würden die Tür offen finden. Wir gehen hinauf, betreten, unseren Kerzenhalter in der Hand, das dunkle

Eßzimmer, dann ein Schlafzimmer und machen es uns auf dem Balkon bequem. In einer Ecke sitzt bereits eine alte Frau, deren Brille die Lichter von Paris reflektiert und an zwei Katzenaugen erinnert. Das Trocadéro ist hell erleuchtet, die Silhouette des Eiffelturms ragt hoch empor. Vor dem dunklen Himmel wirkt der Arc de Triomphe mit den beiden Lichterreihen, die ihn umgeben, wie eine Opalkrone.

Nach einer kurzen Wartezeit schießen rund um den Eiffelturm bunte Raketen in die Höhe, erhellen den ganzen Himmel und steigen mehr als dreihundert Meter hoch, explodieren alle zugleich und scheinen sich um die Ehre zu streiten, die Turmfahne unter sich zu lassen; manche bilden goldene Funkengarben, die sich zu überschneiden scheinen; dann schweben große leuchtende blaue Sterne über den Häusern, lassen sich von der sanften Brise tragen, während unzählige Diamanten vom Himmel fallen. Der Eiffelturm ist in rote Glut getaucht, dann plötzlich ergießt sich ein Feuerregen von der ersten Plattform, danach von der zweiten und zum Schluß von der dritten, er ist von reinem Gold umgeben; ein Turm von Gold ragt in den Himmel. Der Wind weht diesen Regen seitlich weg, und eine große rosa Rauchwolke zieht gen Paris. Aus diesem Feuerwunder bildet sich auf der zweiten Plattform des Turms ein heiliger Georg. Alles erlischt, ein Blumenstrauß, gefolgt von weiteren Raketen krönt dieses prachtvolle Feuerwerk.

*Donnerstag, 8. Oktober*

Wir versuchen noch einmal, das andere Ufer zu gewinnen, und es gelingt uns. Eine große Menschenmenge drängt sich am Anfang der Solférino-Brücke. Man wartet auf den Zaren, auch wir warten sehr lange Zeit, wir mieten Stühle zum Daraufsteigen, und auf diese Weise sehen wir das Herr-

Aus Anlaß des Staatsbesuchs Zar Nikolaus II.
festlich geschmückte Straße

scherpaar recht gut. Der Kaiser ist sehr blond und wirkt sehr jung, die Kaiserin kam mir etwas steif vor und hat eine große Nase.

Wir gehen die Kais in der Nähe der zukünftigen Alexander-Brücke entlang; à propos: Die Zeremonie gestern muß schön gewesen sein. Um zwei Uhr fährt der Zar in einem mit sechs Schimmeln bespannten Wagen durch die Avenue du Bois, wir sehen ihn von unserem Balkon aus. Die Menge scheint sehr begeistert zu sein, man hört nichts als Rufe. Nachdem der Kaiser vorübergefahren ist, ergießt sich diese Menschenflut, die dem Zaren zum letztenmal Lebewohl gesagt hat, in die Rue de Villejust, die noch nie ein solches Gewimmel gesehen hat. Mein Cousin Gabriel ist zu Besuch bei uns, er sagt, das Feuerwerk sei mißglückt gewesen, vielleicht war es deshalb so hübsch.

*Sonntag, 18. Oktober*

Mittagessen am Montmartre bei den Renoirs, die sehr liebenswürdig sind; Jean sieht jetzt aus wie ein kleines Mädchen. Monsieur Renoir hat ein großartiges Atelier in der Rue de La Rochefoucauld gemietet.

*Stéphane Mallarmés Brief an Julie Manet zu ihrem achtzehnten Geburtstag.*

*Valvins, Freitagabend*

Meine liebe Julie,
an dem Tag, an dem Sie achtzehn Jahre alt werden, möchte ich nicht fern bleiben; mit Bewegung denke ich daran, wie ganz und gar erwachsen Sie sind! Ich glaube, daß die liebenden Augen, die auf ihr Schicksal gerichtet sind, voller Befriedigung sehen, daß Sie ernsthaft und gut und sogar ein wenig glücklich sind, so wie es der Jugend

ansteht in einem Klima der Zuneigung, das sich für eine freie Entwicklung von Geist und Gefühl aufs trefflichste eignet.
Ich umarme Sie und nutze den Brauch, dasselbe mit Ihren Cousinen zu tun.
Ich hätte Ihnen gern von Valvins erzählt, doch war ich nachmittags nicht draußen, ich mußte dreizehn Buchsendungen beantworten und habe für morgen und später noch siebenundvierzig zu erledigen. Der Winter zieht ins Land, unser in den prachtvollen Rahmen des Forsts versetztes gräfliches Leben wird unterbrochen, denn meine Freunde Natanson widmen sich bis Sonntag anderen Vergnügungen in Paris.

Ich beschäftige mich mit solchen Sachen wie Einpacken, die die Rückkehr ankündigen. Ich habe gehört, daß Ihre Wäsche angekommen ist, jedoch ohne Sie und die anderen, und das genügt mir nicht: Oh, wenn Sie wüßten, wieviel Schönes Sie versäumt haben mit Ihrer Angewohnheit, schnell wieder abzureisen! Insbesondere eine Flut goldenen Laubes, das sich lange unter dem Senecourturm häufte.
Ein herzliches Aufwiedersehen Ihnen dreien, deren Portraits von der Hand Rosalbas – dazu benutze ich sie nämlich – während meiner Arbeit die losen Papiere auf dem kleinen Schreibtisch festhalten. Einige Sachen können sich vor Paulet, Jeannie und Ihnen, Sie Pariserinnen, sehen lassen!
Ihr sehr bäurischer Nachbar

*Stéphane Mallarmé*

*Donnerstag, 31. Dezember*

Ein bezaubernder Tag zum Ausklang des Jahres 1896, in dem uns Gott sei Dank kein neues Unglück ereilte; ich bete darum, daß es 1897 genauso sei.

Monsieur Renoir besuchte uns, zur gleichen Zeit kam auch Monsieur Mallarmé, der einer jeden von uns eine Schachtel Süßigkeiten mit einem reizenden Vierzeiler brachte, wie er es bei mir seit neun Jahren jedes Jahr von neuem tut. Dieser hier ist sehr hübsch, besonders lieblich und ganz «Mallarmé». Wir umarmen ihn und bei derselben Gelegenheit auch Monsieur Renoir. Der geistvolle Maler und der charmante Dichter plaudern miteinander, wie sie es oft zu Hause an den Donnerstagabenden im hohen rosa Salon getan haben, wo die Gastgeber umgeben waren von selbstgeschaffenen Werken und Dingen, die sie liebten, im Kreise ihrer reizenden Freunde. Sie waren so gute Gastgeber, sie waren so schlicht. Ich denke an jenen Satz von Monsieur Renoir, der Maman so bewegte, als man ihn ihr wiederholte. Derselbe Maler und derselbe Dichter kehrten nach einem Diner und ein paar Abendstunden, die sie mit Maman verbracht hatten, nach Hause zurück und unterhielten sich darüber, welch charmante Gastgeberin sie sei, wie talentiert und dergleichen. «Eine andere Frau mit allen diesen Gaben wäre vermutlich nicht zu ertragen», sagte Monsieur Renoir.

# 1897

*In Renoirs Atelier · Mademoiselle Baudot · Julie und Paule besuchen Degas · Im Val de Loire · Die Cousinen steigen lieber in einem Hotel ab als in einem Kloster · Aufenthalt in Vassé · Paule wird von ihrer Tante gescholten · In Essoyes bei den Renoirs · Renoir erschreckt Julie ungewollt · Herbst · Einige Bemerkungen über die Ehe · Julie möchte, daß Monsieur Mallarmé sie mehr berät · Begegnungen im Louvre · Das Odéon · Eine enttäuschende Vorstellung in den Folies-Bergère · Renoir gibt Jeanne Baudot eine hervorragende Malstunde · Julie lernt Degas' Schüler Ernest Rouart kennen · Ein angenehmes Diner mit Mallarmé und Renoir · Diskussion über die Dreyfus-Affäre*

*Montag, 1. Februar*

Paule fährt heute mit mir im Wagen in die Stadt, wir besuchen Monsieur Renoir in seinem Atelier, er macht reizende Bilder mit einer Gitarre: Eine Frau in weißem Musselinkleid mit rosa Schleifen beugt sich anmutig über die große gelbe Gitarre, die Füße auf einem gelben Kissen. Ein anderes Gemälde zeigt einen Mann in spanischer Tracht, der seinem Instrument feurige Akkorde zu entlokken scheint. Bei beiden besonders ausgewogene Farbgebung. Monsieur Renoir war charmant, zuvorkommend, liebevoll, wie keine Frau es wäre. Wir gehen in das Atelier von Mademoiselle Baudot, sie arbeitet mit einem neuen Modell, zeigt uns mehrere Bilder, unter anderem Seestücke, sehr gute Schiffe; was sie macht, ist sehr frei, sehr gut gezeichnet, erstaunlich für ihr Alter.

*Mittwoch, 10. Februar*

Ich gehe mit Paule in ein Konzert und danach besuchen wir Monsieur Degas, der über seinen Gesundheitszustand bekümmert ist; er hat eine kranke Lunge und muß sehr vorsichtig sein. Es sind sehr schöne Bilder in seinem Atelier. Er spricht von der angenehmen Unterhaltung mit Monsieur Mallarmé; dann sagt er, daß jetzt jeder Dichter sei: Wenn er in einen Salon käme, wo sich junge Leute befänden, und er einen frage, was er sei, erhalte er die Antwort: «Dichter» und bei einem anderen ebenfalls «Dichter», alle seien Dichter.

Erinnern Sie sich, sagt er zu uns, an diesen wunderbaren Satz von L.-P. Fargue: «Da war mehrere Male ein so schöner junger Mann, so schön, daß die Frauen ausdrücklich wollten, daß er schreibe.»

Paule sagt, Monsieur Mallarmé achte die Frauen gering: «Aber die Frauen meinen immer, daß man sie gering achte, im Gegenteil, man beschäftigt sich nur mit ihnen, das einzige, was uns gefährlich wird, sind die Frauen.»

*Mittwoch, 28. Juli*

Da wir von den de Vaissières, denen ich geschrieben habe, daß wir zu ihnen kämen, keine Antwort erhalten, haben wir uns entschlossen, eine kleine Reise in die Touraine zu unternehmen; just vor unserer Abfahrt heute vormittag erhalte ich einen Brief der Tante de Vaissière, in dem sie mir mitteilt, daß sie uns Dienstag erwartet. Wir werden also acht Tage in der Hitze reisen.

Wir machen zwei Stunden Halt in Orléans, um das Museum zu besuchen, das einzige, was in dieser Stadt, die uns recht trist erscheint, sehenswert ist. Das Museum enthält mehrere Pastellbilder von Perronneau, unter anderem eine

Frau mit einem Hahn, sehr hübsch, ein Porträt der Madame de Pompadour mit rosa Wangen, einem Spitzentuch über der Frisur, einer sehr gut gemalten Schleife, die es festhält, ein geblümtes Kleid; sehr komisch und farblich sehr hübsch, dieses Portrait. Ein Männerbildnis von Vatier, schöner blauer Frack, ein kleines Landschaftsbild von Hubert Robert; Zeichnungen von Boucher, Watteau, Fragonard, Delacroix (ulkig). Unter den Gemälden befinden sich außerdem Werke naiver Künstler, eine sehr schöne Prozession von Natoire und ein wundervolles Flußufer von Corot.

Die Kathedrale ist uninteressant, die Glasfenster, auf denen Gallard das Leben der Jeanne d'Arc dargestellt hat, erschienen mir heute besser als im vergangenen Jahr, als sie auf dem Marsfeld ausgestellt waren; sie sind jedoch sehr gut, wirken aber zu neu, sie brauchten weniger Licht; auf dem Marsfeld wirkten sie besser, weil sie das Tageslicht nicht von außen empfingen und die Farben daher weniger grell erschienen.

*Vom Val de Loire reisen Julie und ihre Cousinen zu ihrer Tante nach Vassé, wo sie einige Zeit bleiben.*

*Sonntag, 1. August*

Voll Freude sehe ich das Museum von Tours wieder, den Boucher, *Apollo besucht Leto*, dessen zwei Nymphen Maman so wunderhübsch wiedergegeben hat und die mich an den Beginn des «Nachmittags eines Fauns» erinnern. Ich stehe wieder vor meinen Mantegna-Bildern, die zu kopieren mir vor fünf Jahren so viel Vergnügen bereitet hat. Ach, ich sehe uns im Geiste wieder, Maman und mich, bei der Arbeit in diesem Saal. Es ist, als sei es gestern gewesen.

*Donnerstag, 12. August*

Seit einigen Tagen in Vassé. Wir haben den Aufenthalt sehr genossen, denn wir wurden herzlich aufgenommen und konnten tun und lassen, was wir wollten; heute jedoch ist eine Verstimmung aufgekommen; der Grund hierfür ist ein Buch. Es ist wirklich Pech, wo wir doch so wenig lesen und Paule so schwierig ist, was die Themen betrifft. Dieses Jahr habe ich viele Bücher mitgenommen, darunter «Gegen den Strich» von Huysmans. Paule sollte es sich anschauen, bevor ich es lese. Mich hat der Titel gereizt; als meine Cousine Marie, die dieser Titel ebenfalls reizte, es in unserer Kiste sah, nahm sie es, dachte nicht mehr daran, und heute morgen gibt mir meine Tante beim Spazierengehen im Park dieses Buch mit undurchdringlicher Miene zurück: Paule habe es ihr geliehen, sie fände es fürchterlich, sie wolle nicht einmal, daß Georges es lese usw. Paule war natürlich verärgert, ich erklärte ihr, daß ich es war, die dieses Buch mitgenommen hatte, aber da Paule die Älteste ist, fürchte ich, daß man die Sache ihr anlastet. Welch ein Mißgeschick.

*September, Essoyes (bei den Renoirs)*

Ich habe heute vormittag einige Seiten des Tagebuchs der Marie Bashkirtseff [russische Malerin und Schriftstellerin, 1860 bis 1884, die von Manet beeinflußt war] gelesen, weil ich auf der Reise keine Zeit hatte, es zu beenden. Es ist wirklich sehr interessant, das Leben eines intelligenten jungen Mädchens mit offenem Geist zu lesen; sie ist seltsam, hat keinen unangenehmen Charakter, wie ich aufgrund mehrerer Dinge, die man mir über sie erzählt hatte, dachte. Im Grund war sie gar nicht so hochmütig, sie bemühte sich zweifellos, ihren Charakter zu entwickeln, sie hatte eine starke Vorstellungskraft. Wenn sie so oft sagte, daß ihre

Malerei gut sei, dann deshalb, um es schließlich selbst zu glauben, denn sie wußte sehr gut, daß sie schlecht malte. Sie scheint viele, vielleicht zu viele Begabungen für zu viele Dinge gehabt zu haben; wäre sie gut unterwiesen worden, hätte sie wahrscheinlich gute Sachen gemacht; in einem Kreis schlechter Maler, in einer Familie, die nichts von Kunst verstand, was konnte sie schon tun? Was mich an ihr aufregt, ist, daß sie, obwohl Zeitgenossin Manets und aller Impressionisten, diese nirgends erwähnt. Das Bedürfnis, jung zu arrivieren, dieser Ehrgeiz hatte wohl seinen Grund in der Ahnung, daß ihr Leben nur sehr kurz sein würde.

*Donnerstag, 16. September*

Monsieur Renoir holte uns vor dem Abendessen ab. Wir haben ihm gezeigt, was wir machen. Er sagte zu mir, meine Dahlien seien gut, es würde mich freuen, wenn er sie wirklich gut fände; dann, daß Dina mit dem Korb schlecht gezeichnet sei, daß ich das Bild noch einmal machen müsse. Ich hatte wohl gemerkt, daß sie zu kurz geraten war, aber ich hatte auf derselben Leinwand weitergepinselt; ich bin froh, daß Monsieur Renoir mir gesagt hat, ich solle noch einmal von vorn anfangen; es hilft einem, wenn man Ratschläge bekommt. Monsieur Renoir sagte zu mir, es sei lächerlich, nicht unterscheiden zu können, was gut sei und was schlecht; er sagte, meine Dahlien seien vortrefflich, ich solle sie acht Tage umgedreht stehenlassen und dann selbst urteilen. Mir scheint, ich brauche mehr Zeit, um mir darüber klar zu werden, wie ich male, und ganz allgemein zu merken, was schlecht ist. Dieses Jahr habe ich mehr gearbeitet, und seit sechs Monaten bin ich so mutlos, wie ich es noch nie vorher gewesen bin; diesen Winter glaubte ich, keine allzu schlechten Sachen zu machen, dann schaute ich sie mir wieder an, und als die Kleine mit der Mandoline vom Marsfeld zurückkam, wo sie abgelehnt worden war, fand ich sie abscheulich; welchen Schlag hätte es mir versetzt, sie aufgehängt zu sehen! Seither fürchte ich, wenn ich male, das, was ich mache, nicht gut zu finden. Ich sage mir, sobald ich erst ein oder zwei Tage verstreichen lasse, würde ich sehen, daß es schlecht ist. Mir scheint, daß ich ganz und gar unfähig bin; aber wenn ich den Mut verloren habe, ist das eine Mutlosigkeit, die meine Arbeitslust weckt, das ist immerhin besser als das Gegenteil; ich wollte, Monsieur Renoir würde mir oft Ratschläge geben.

Bis jetzt hatte ich viel Ehrgeiz, ich wollte wirklich talentiert sein; nun möchte ich nicht mehr sein als das junge Mädchen, das Fächer und Lampenschirme bemalt, vielleicht werde ich in einiger Zeit nicht einmal mehr diesen Ehrgeiz haben.

*Freitag, 17. September*

Monsieur Renoir hat heute abend den Verband von seinem Arm abgenommen; wie war ich erschrocken beim Anblick dieser vielen Haare, wie häßlich ein Mann doch ist! Ein Tier hat einen Pelz, aber der Mann hat Haare, unter denen man die Haut sieht, es ist schauderhaft! Es braucht wirklich Mut, so etwas zu heiraten!

*Montag, 20. September*

Renoir erzählt uns, daß er als Soldat nach dem Krieg zwei Monate in einem Schloß verbracht hat, wo er bedient wurde wie ein Fürst, der Tochter des Hauses Malunterricht gab und den ganzen Tag umherritt. Man wollte ihn nicht fortlassen, weil man fürchtete, daß er während des Aufstands der Kommune getötet werde.

*Mittwoch, 22. September*

«Im Leben ist es wie in der Kunst, alles ist Sache des Vergleichs», sagt Renoir, der seinen gebrochenen Arm sehr gut erträgt und erklärt, das sei ihm lieber als etwas anderes.

*Dienstag, 28. September*

Monsieur Renoir ist gegen alle technischen Neuheiten, er sagt, wir lebten in einer Zeit des Kulturverfalls, in der man an nichts anderes mehr denke als daran, eine Menge Kilometer in der Stunde zurückzulegen; daß dies zu nichts nütze sei, daß das Automobil etwas Blödsinniges sei, daß kein Bedarf bestehe, sich so schnell fortzubewegen, daß dies alles nur der Ablenkung diene, daß für die Arbeit und den Handel die Konzentration in einer Richtung notwendig sei. «Die Regierung ist monarchistischer denn je, mit der Technik, die alles macht. Der Arbeiter kann nicht mehr denken, vorwärtskommen, die Unbegabten werden stets am selben Punkt stehen bleiben. Was hat man von der Schnelligkeit? Der Herr, der eine Fabrik besitzt, in der hunderttausend Paar Socken am Tag hergestellt werden, hat nicht immer den entsprechenden Absatz; darum kann nach einiger Zeit die Fabrik nicht mehr funktionieren; aus diesem Grund werden wir den Wilden Socken verkaufen, ihnen einreden, daß man Socken tragen muß, nur damit die Fabrik eines gewissen Herrn weiterbestehen kann. Wir wollen erobern, um unsere Produkte abzusetzen; man hat die Sklaverei abgeschafft, aber das ist mehr als Sklaverei; der Arbeiter, der weiß, daß er nicht hochkommen kann, weiß, daß er immer der gleiche bleiben wird, er ist schlimmer dran als der Sklave.»

Monsieur Renoir hat ja recht. Ein vernünftiger Mann, der stets einsichtige Dinge sagt. Diese auf alles übergreifende Mechanik geht einem auf die Nerven, ich sehe mit Grausen die Automobile auf uns zukommen; übrigens finde ich die Fahrräder, obwohl es ihrer zu viele gibt, weniger schrecklich; ich kann auch nichts Schlechtes mehr über sie sagen, da ich gerade Fahrradfahren lerne; Monsieur Renoir, der sich beim Absteigen von einem Fahrrad den Arm gebrochen hat, hat allen Grund, sie zu hassen.

*Montag, 11. Oktober*

Es ist angenehm, mit einem Mann von Talent und Geist spazierenzugehen, der mit einem spricht, als fände er einen nicht zu beschränkt (übrigens sind intelligente Männer nachsichtig mit der Jugend). Ich habe mit Monsieur Renoir allein einen hübschen Spaziergang von Essoyes nach Verpillières und wieder zurück gemacht; es ist bei jedem Wetter eine schöne Wanderung. Heute war ein grauer Herbsttag auf blauem Grund, mit lila und grauen Bäumen, weich, ganz Corot, ganz Renoir, eine glatte Malerei mit ineinander verschwimmenden Farben, ein Landschaftsbild, auf dem man mit einem dicken Pinsel und leichter Hand die hübschen Töne ineinandergewischt hat. Monsieur Renoir geriet in Entzücken: «Ah! Ich weiß nicht, ob es Ihnen so ergeht wie mir», sagte er zu mir, «jedesmal wenn ich ohne meinen Kasten spazierengehe, finde ich eine Menge Plätze, wo ich mich hinsetzen könnte, nehme ich ihn aber mit, finde ich nicht eine Stelle.» Von der Straße nach Grancey schlagen wir einen Pfad ein, der mitten durch Wiesen zwischen Pappeln hindurch nach Verpillières führt; wir haben den Eindruck, ganz und gar rosa und lila Bäume vor uns zu haben, ihr Laub ist bereits abgefallen. Ein Stück über die Brücke hinaus ist im Vordergrund Wiesenland, lila Baumstämme, einige gelbe Blätter heben sich von den Dächern des Dorfes mit dem spitzen Kirchturm ab, das sich an den

Hang schmiegt. Monsieur Renoir und ich sagen wie aus einem Mund: «Das ist wie die Landschaft von Corot mit der kleinen Frau, die Wäsche aufhängt, ausgestellt 1889. Es wäre verwunderlich, wenn er das nicht hier gemalt hätte.» Auf dem Rückweg begegnen wir einer Frau mit einer Bütte auf dem Rücken. «Wie gut hat Corot diese Gestalten gemalt», ruft Monsieur Renoir aus, «wie hat er das weiße Häubchen miteinbezogen!» «Wie gut diese Leute des vergangenen Jahrhunderts die Landschaft wiedergaben, heute gibt man sie nicht mehr so wieder: Watteau malte diese Hintergründe so gut. Wieviel Blau in der Atmosphäre heute, es ist wie Samt.» Übrigens sagt Monsieur Renoir beim Spaziergang nach Clairvaux zu mir: «Wäre man nie krank, würde man sich nie am Gesundsein erfreuen; wenn es nicht regnete, würde man nicht das schöne Wetter genießen, und es ist wohl vonnöten, manchmal weniger hübsche Dinge zu sehen; der Reiz des Lebens ist die Überraschung. Als ich jung war, wanderte ich mit Sisley nach Fontainebleau, mit meinem Malkasten und einem Hemd; wir marschierten, bis wir ein Dorf fanden, bisweilen kehrten wir erst nach acht Tagen nach Hause zurück, wenn wir kein Geld mehr hatten.» Monsieur Renoir erzählte mir auch, daß er damals in Fontainebleau zum erstenmal Monsieur Pissarro gesehen hätte, der zu jener Zeit schwarzhaarig war, und daß er ihn für einen Akkordeonspieler gehalten habe.

Wir sprachen auch über die Natansons: Monsieur Renoir sagte, es sei sehr gefährlich, Anarchisten wie Fénéon zu unterstützen, die sich als Literaten betätigen, bis sich eine Gelegenheit ergibt, in der Politik sein Glück zu versuchen, und die schließlich eine Straftat begehen. Hat er nicht recht? Die Literaten unterstützen oft die Taugenichtse, die Maler sind da vernünftiger. Aber Pissarro ist Anarchist.

Im Augenblick denke ich nur an Malen; ich habe eine Menge zu tun und dennoch nehme ich zum erstenmal drei hübsche Fische in Angriff, die aus der Ource geangelt wurden. Ich bin ganz besessen vom Malen, ich arbeite tüchtig in diesen Tagen. Ich bin betrübt, wenn ich daran denke, daß Monsieur Renoir mich in Paris nicht so beraten kann wie hier; ich finde, daß ich zu wenig Anleitung habe, und habe das Gefühl, daß Monsieur Renoir sich niemals für mich interessieren wird. Doch «man muß sich selbst finden», sagte Monsieur Monet zu uns, darum rackern wir uns allein ab und beobachten, was die wahren Künstler machen, denken daran, was Maman machte. Wenn sich zu dem Künstlermilieu, in dem ich gelebt habe, eine echte Begabung gesellt, wie meine Cousinen mir sagen und wie Maman es mir eher zuviel gesagt hat, weil sie mich zu sehr bewunderte oder zu nachsichtig mit mir war, müßte ich eigentlich etwas zustande bringen.

*Samstag, 16. Oktober*

Unversehens ist es Herbst geworden, die Bäume stehen in Gold; wie schön war das bei Sonnenuntergang, als der Regen aufgehört hatte! Es sah ganz und gar aus wie die Landschaften Monsieur Degas', seine weiten Hügellinien, seine Farbtöne, das Verhältnis der grünen Wiesen zu den gelben Bäumen. Madame Renoir und Jean haben mit uns zu Mittag gegessen; süß ist Jean mit seinen roten Haaren vor den roten Bäumen.

*Freitag, 22. Oktober*

Seit einiger Zeit fühle ich mich im Verhältnis zu früher verändert, ich glaube, ich sage weniger häufig: «Was soll ich tun?» Faivres Hänseleien haben mir sehr gut getan, sie haben mich gewitzter gemacht; ich denke, man braucht Männer im Leben, sie verhelfen einem zu einem liberaleren Denken; ich glaube, es ist doch besser zu heiraten als eine alte Jungfer zu bleiben; hat Gott die Menschen nicht erschaffen, damit sie sich von Generation zu Generation vermehren? Jeannie sagt immer, daß man verpflichtet sei, zu heiraten und Kinder zu haben; aber geht diese Pflicht so weit, daß man, um Frankreich zu bevölkern, jemanden heiraten muß, der einem nicht gefällt? Das wäre sehr hart. Ich habe immer gefunden, daß das Einandervorgestelltwerden, die arrangierten Heiraten, daß das alles widerwärtig ist; doch geliebt werden und zu lieben, das muß schön sein. Ich denke, daß ich dieses Glück nie erfahren werde, es wäre zuviel für mich; ich erwarte mir keine großen Freuden im Leben und dennoch hoffe ich stets darauf.

*Donnerstag, 28. Oktober*

Bei der Lektüre von Marie Bashkirtseffs Tagebuch wundere ich mich immer, wenn ich mir vorstelle, daß sie erst vor so kurzer Zeit gelebt hat. Sie erzählt von Gambettas Tod, an den ich mich so gut erinnere; ich war damals vier Jahre alt und ging am 4. Januar mit ins Palais Bourbon, wo sein Leichnam aufgebahrt war, man sah nur Draperien und Kränze; ich war davon sehr beeindruckt.

Der zweite Band von Marie Bashkirtseffs Tagebuch ist wirklich traurig, sie spürt deutlich ihr nahes Ende; es enthält sehr interessante Dinge, nur ihre Ateliergeschichten und ihre Bewunderung für schlechte Maler langweilen mich. Ich entsinne mich, daß Papa und Maman dieses Tagebuch in Mézy lasen; sie sprachen viel davon und diskutierten oft darüber. Im Gegensatz zu Monsieur Degas, der fand, daß man Marie Bashkirtseff auf einem öffentlichen Platz hätte auspeitschen müssen, bewunderte Papa sie, während Maman zu ihm sagte: «Wenn Sie mit einer solchen Frau leben müßten, würden Sie sie unausstehlich finden.» In der Tat, welch ein Unterschied zu Maman, die hochbegabt und so schlicht, so reizvoll war, ohne sich dessen bewußt zu sein. Wahrscheinlich fand sie Marie Bashkirtseff großartig, aber ich glaube, man darf sie nicht nach dem beurteilen, was sie sagte, alles in allem bewunderte sie selbst sich nicht so sehr.

Wenn man einen Sommer mit Monsieur Renoir verbracht hat, ist man von der Vorstellung durchdrungen, daß man ein wenig von allem können und geschickt sein muß. Monsieur Renoir wiederholt es unaufhörlich, und schließlich ist man davon überzeugt; er hat großen Einfluß auf die Jugend, die ihn bewundert, er bringt ethische Dinge so gut und mit so viel Charme vor, daß man sie behält. Könnten doch alle Männer seines Alters einen so guten Einfluß auf die Jungen ausüben. Monsieur Mallarmé gibt nicht genügend Ratschläge, er könnte auf höchst annehmbare Weise sittliches Verhalten lehren, er ist ein so ehrenwerter Mensch (Monsieur Renoir bewundert seinen Charakter sehr), er sollte die Jungen führen; statt dessen legt er mehr Nachsicht an den Tag, als er besitzt. Es heißt, die Jugend nutze die Ratschläge reifer Männer nicht; ich halte das für falsch; wenn es so aussieht, als nutze man sie nicht, so denkt man doch viel daran, und es wäre gescheit, wenn verdienstvolle Männer die Jungen leiten würden.

*Dienstag, 16. November*

Den Vormittag, den ganzen Tag im Louvre verbracht; Jeanne [Jeanne Baudot, Künstlerin und Julies Freundin] fertigt eine sehr gute, sehr großflächige Skizze an. Wir sehen eine Menge Leute: Carolus Duran [französischer Maler] mit seinem dicken Wanst, ein Mensch von ausgesuchter Gewöhnlichkeit; wenn er vorübergeht, fragen die Wächter, ob man diesen großen Maler kenne; Monsieur Mallarmé, der kurz darauf mit Whistler eintrifft, sagt: «Der kommt schon zu seinen Lebzeiten in den Louvre.» Whistler in seinem engen Anzug hört nichts oder gibt vor, nichts zu verstehen; was ihm auffällt, sind die Stahlknöpfe an den Ärmeln meines Kleides. Wir sehen auch Zandomeneghi vorübergehen, der mit seiner großen italienischen Nase ganz nahe an die Primitiven herangeht; als Monsieur Renoir anlangt, sage ich ihm, daß sein Freund da sei. «Warnen Sie die Wächter, daß er ein Bild mitnehmen wird, um es nach Venedig zurückzubringen!» ruft er aus, dann stimmt er, seinen Akzent imitierend, ein Klagelied darüber an, daß so viele Bilder italienischer Meister im Louvre von Leuten angestaunt würden, die nichts davon verstehen.

Monsieur Renoir sagt nichts zu Jeanne über ihre Kopie, an der sie viel gearbeitet hat, weil sie dachte, er würde sie sich ansehen; er scheint sich viel mehr mit mir zu beschäftigen; sagt mir, es sei gut, der Veronese sei gut zu kopieren, er werde, wenn ich es nicht gut schaffe, an Monsieur Caliari schreiben, dann fragt er mich, ob es mich nicht verunsichere, im Louvre zu arbeiten, man könne ja glauben, ich sei mehr seine Schülerin als Jeanne, was ich nicht verstehe, denn offensichtlich ist das, was sie macht, weit besser als das, was ich mache, und Monsieur Renoir sagt nichts zu ihr, sie ist schon ganz entmutigt. Ich stellte mir vor, daß er sie viel mehr belehren würde; aber ich sehe, daß er das so gut wie nie tut.

*Mittwoch, 17. November*

Ich habe gestern zu malen begonnen und komme heute vormittag nicht voran. Wir gehen in Monsieur Renoirs Atelier, er hat gerade die kleine Roussette von Essoyes fertiggemalt, in einem grünen Kleid spielt sie mit zierlichen Fingern auf der Gitarre, die Haut in einem wundervollen Rosa; dann eine dunkelhaarige Frau in einem dünnen rosa Kleid, ebenfalls mit einer Gitarre, die neben ihr liegt, dazu einen Tisch mit einem schön gemalten Teppich und einer blauen Vase, dann dieselbe Gestalt tanzend auf einer kleinen hochformatigen Leinwand, voller Schwung und mit weichfließenden Linien. Er hat auch seine zwei dekorativen Tafelbilder mit nackten Frauen, die einen sehr schönen Schmuck aus Früchten tragen, beendet; sie sind großartig, der Dekor ist allerdings unverständlich.

Er sagt zu uns, daß er Jeannes Kopie gut finde, nur daß er sich frage, wie sie sie fertigstellen werde und daß es besser sei, zur Übersicht zunächst einen dünnen Farbauftrag zu machen und danach die geplanten Figuren zu malen. Wir statten Madame Renoir einen Besuch ab, die nach Essoyes zurückfährt; sie ist reizend zu uns, Jean ist sehr lieb. Sie erzählt uns viel von dem Assistenzarzt, bei dem Jeannie ist, während wir bei ihr sind; Paule meint, daß sie denkt, er könnte Jeannie heiraten, und würde das sehr gut finden; ja, ja, Paule denkt viel an eine Heirat Jeannies und Jeannie an eine Heirat Paules.

Übrigens ist Faivre, der uns im Louvre besuchen wollte, noch nicht aufgetaucht; er hat uns vergessen. Monsieur Renoir sagte zu mir, er werde kommen, wenn ich eine Zeitlang gearbeitet hätte, und mir dann sagen: «Das ist sehr schlecht, Sie müssen von vorn anfangen.» Er ist sehr fröhlich seit seiner Rückkehr und scherzt viel, das beweist, daß er zufrieden ist mit dem, was er macht. Jeannie sagte neulich zu ihm, Monsieur Mallarmé könne in kein anderes Konzert gehen als zu Lamoureux.

«Wie», antwortete er, «immer geht er dahin? Aber er ist doch eine Schnecke, dieser Mallarmé: Kann stets nur ins gleiche Konzert gehen und auf demselben Fluß Boot fahren.» Das ist eine kleine Freundeskritik, im Grund hegt Monsieur Renoir die größte Bewunderung für Monsieur Mallarmé, aber die Maler müssen ja über die Literaten lästern, das ist so üblich.

*Samstag, 27. November*

Man trifft im Louvre nicht nur Maler; will sagen, man trifft Maler, Helleu zum Beispiel, doch auch Literaten kommen uns besuchen; Monsieur Mallarmé erschien ein zweites Mal und auch Arsène Alexandre.

Paule beginnt die *Hl. Jungfrau mit dem Hasen*; ich arbeite an meinem riesigen Gemälde, nie wird es fertig werden . . . Ich bin voller Bewunderung für *Die hl. Jungfrau und das Kind* von Jeanne, die ich vor ein paar Tagen weniger gut fand.

Wir verbringen den Abend im Odéon in Monsieur Mallarmés Loge. Man rezitiert sein Werk «Le Phénomène futur», ein wunderschönes Gedicht in Prosa, geistvoll und bezaubernd, für das Monsieur Renoir eine hübsche Radierung gemacht hat. Es stehen noch andere hübsche und schöne Dinge auf dem Programm. Wenn man etwas von Mallarmé hört, findet man das gleich sehr schön und fragt sich, warum es als unverständlich gilt. Wahrscheinlich träume ich oder versuche erst gar nicht, in die Literatur einzudringen, denn ich glaube zu verstehen, ich, die sich überhaupt nicht auskennt! Mir scheint, daß Schreiben etwas vom schwersten ist, ich frage mich, wie man Verse machen kann.

*Sonntag, 28. November*

Es ist ärgerlich, wenn man schon nicht besonders viel Geist hat, sich so etwas Dummes anzuhören und anzusehen wie die Folies-Bergère, wo wir mit Madame Renault und Berthe gewesen sind; wir dachten, wir würden uns sehr amüsieren, doch es war wirklich zu dumm, ungesund in jedem Sinn, die Luft rauchgeschwängert, drei Stunden lang idiotische Clowns, blödsinnige Ballettnummern, fürchterliche Frauen in Unterhosen. Viele Kinder werden mitgenommen, sich das anzusehen, Kinder, denen man vielleicht nicht Gemälde zeigt, auf denen nackte Frauen dargestellt sind, nun, ich finde es viel ungewöhnlicher, ihnen diese schrecklichen dekolletierten Frauen mit der geschnürten Taille und den kleinen Höschen zu zeigen. Nie wieder gehe ich in die Folies-Bergère. Loïe Fuller, derentwegen wir da waren, hat mich eher enttäuscht, sogar am Anfang fand ich die Farben hart, die Sonnen, die Sterne und Monde sehr häßlich, zum Schluß war es dann hübsch.

*Freitag, 3. Dezember*

Monsieur Renoir besucht uns im Louvre, gibt Jeanne eine ausgezeichnete Unterrichtsstunde, sagt ihr, sie solle sich ein Stück vornehmen und es in einem Zug beenden; daß Ingres eine Figur stets auf einmal malte, auf die Gefahr hin, sie am nächsten Tag noch einmal zu machen; er findet Paules Kopie sehr gut begonnen, sehr geschickt; er sagt mir, auf meiner gebe es Fehler, ich müsse stets darauf achten, die Dinge nicht größer zu malen; aber sie sei sehr gut, sehr hübsch. Das freut mich, denn ich hatte nicht gewußt, wie sie ist. Wir betrachten mit Monsieur Renoir lange die *Frauen von Algier*. «Wenn man so etwas gemacht hat», sagt er, «kann man ruhig schlafen.»

*Sonntag, 5. Dezember*

Monsieur Renoir kommt zum Abendessen. Er spricht voll Begeisterung von Alexandre Dumas, den man, so sagt er, sicher länger lesen wird als Zola, den er nicht mag. Monsieur Renoir findet prinzipiell, daß Kunst amüsant und verständlich sein soll.

*Mittwoch, 8. Dezember*

Im Louvre Monsieur Degas getroffen, der mit uns eineinhalb Stunden über das Malen spricht. «Auf welch alten Pedanten sind Sie nur gestoßen», sagt er. Er gibt Paule viele Ratschläge zu ihrer Kopie, die er sehr gut begonnen findet. Was ihm mißfällt, ist ein Stück weißer Leinwand, er möchte, daß sie bedeckt werde. Er sagt, man solle nicht versuchen, zu viele Farbtöne zu nehmen; daß beispielsweise bei der *Hl. Jungfrau mit dem Hasen* die Stoffe und die Berge mit demselben Blau gemalt werden müßten wie der Himmel, die Stühle, der orangefarbene Stoff mit derselben Farbe, das, sagt er, mache ein Bild ausgewogen. Er spricht über die Untermalungen; seiner Meinung nach arbeiteten alle alten Meister mit Untermalungen, Tizian mit Firnissen und Lasuren. Er sieht sich Jeannes Kopie an, deren Farben er hübsch, aber ein wenig verpfuscht findet; vor den meinen: «Ein Händchen hat sie, diese Julie, wie geschickt die Grundierung gemacht ist, hübsch ist das; aber wieder weiße Leinwand, das muß in der Familie liegen.» Über «geschickt» und «hübsch» freue ich mich, ich fürchte stets, daß ich diesen Eigenschaften ganz und gar ermangle, die, wie ich finde, bei einer Frau wesentlich sind. Alles, was man hier über meine Kopie sagt, gibt mir Mut. Monsieur Degas interessiert sich sehr für eine Mademoiselle Bauard, die seit zehn Jahren dasselbe Bild kopiert. «Sie wirkt auf mich», sagte er, «wie ein Geistlicher in Zivil, mit ihrem großen Schleier, sie erinnert mich an eine Figur à la Philippe de Champaigne. Einmal sagte ich zu Arsène Alexandre, daß ich noch nie ein Wort von ihr gehört hätte, da ging er zu ihr hin, machte eine Bemerkung über ihr Bild; aber sie antwortete so tonlos, daß ich nichts verstand.» Monsieur Degas nimmt uns mit in den Saal der Primitiven, zu sehen, was sein Schüler Monsieur Rouart macht, dem er empfohlen hat, einen Mantegna in Grün anzulegen; aber er hat das in einem ziemlich leuchtenden Grün getan. Er sagt uns, welches Bild vermutlich auf welche Weise angelegt wurde, zeigt uns, wie man auf einem Bild dieselben Töne findet, als er plötzlich ausruft: «Oh, welch ein Pedant, welch ein Pedant! In der Malerei gebe es keine Geheimnisse, sagt dieser Dummkopf von Raffaelli [Jean-François Raffaelli, französischer Maler].» Er nennt auch Bilder von Delacroix, von dem er häufig spricht.

*Donnerstag, 16. Dezember*

Das Abendessen mit Mallarmé und Renoir war ein Genuß, die Unterhaltung zwischen diesen beiden geistvollen Männern ist immer reizend. Monsieur Renoir erzählt sehr komisch, wie er bei einer Hochzeit in Vincennes eingeladen war und die Hochzeitsgesellschaft nicht fand. Da schloß er sich einfach einer anderen an, die in einem prächtigen Rahmen feierte, in einer Art Bahnhofshalle, von der aus man in Salons mit blaugemalten Himmeln und Amoretten an den Wänden noch feinere Hochzeiten erblickte. Diese Hochzeitsgesellschaften langweilten sich so sehr, daß sie zum Schluß aus ihren Salons herauskamen und sich unter die anderen mischten, und das Ergebnis war, daß sich beim Aufbruch die Jungvermählten nicht wiederfanden.

*Samstag, 18. Dezember*

Beerdigung meiner Tante Chevalier, die traurige Erinnerungen in mir weckt. Die ganze Familie findet sich vereint; sogar mein Onkel Octave [Thomas] ist gekommen. Man trauert nicht sehr um diese arme Tante, wenn jemand mit vierundachtzig Jahren stirbt, findet man das natürlich. Ich glaubte, für eine Beerdigung angemessen gekleidet gewesen zu sein, und schon falle ich im Louvre auf; ein Herr sagt zu mir: «Mademoiselle, Monsieur Henner hat Ihr Kostüm bewundert.» «Es ist eben künstlerisch», meint der Wächter der Staffeleien, der zu mir immer besonders liebenswürdig ist.

*Donnerstag, 23. Dezember*

Wir essen bei den Renoirs zu Abend. Monsieur Renoir ist reizend, Madame Renoir besonders liebenswürdig; sie hat Zuneigung zu uns gefaßt, seit wir so viel von ihrer Heimat sprechen; sie hustet stark und nimmt nur noch Milch zu sich, sie hat schrecklichen Hunger und magert ab oder verliert an Gewicht. Den ganzen Abend schmiedeten wir Reisepläne; wir fuhren von Villefranche nach Capri, Konstantinopel, Sevilla und so weiter. Beim Abendessen ist die Rede von der Dreyfus-Affäre, die im Augenblick wieder in aller Munde ist, was einen nicht wundert. Wie schrecklich wäre es, wenn dieser Mann verurteilt worden wäre, ohne schuldig zu sein! Doch das ist nicht möglich; Arsène Alexandre übt Kritik an Roday, daß er sich nicht weiter vorgewagt habe, er sagt, dieser Fall sei nicht beendet und könne Schwerwiegendes nach sich ziehen, er findet die Lage offenbar kritisch. Monsieur Renoir wettert gegen die sozialistischen Werke, die «Mauvais Bergers» von Mirbeau hätten ihn zu Tode gelangweilt.

Der Abend bei den Renoirs verläuft aufs angenehmste, zum Schluß lachen wir viel mit Faivre, der wirklich ein bißchen wunderlich ist, aber amüsant; er ist für uns ein guter Freund, bei ihm haben wir keine Angst, etwas Dummes zu sagen.

# 1898

*In Renoirs Atelier · Eine vergnügliche Geschichte über Dr. Evans aus Philadelphia · Der Fall Dreyfus und die Juden · Julie und Paule sehen bei Durand-Ruel neue Bilder von Renoir · Die Sammlung Rouart · Renoir ißt Austern und erörtert die Dreyfus-Affäre · Ein schrecklicher Unfall · Berthe Morisots Todestag jährt sich zum zweitenmal · Die Gemälde Onkel Édouards · Die Sammlung Goupil · Briefe · Helleus Enkelin von einem Wagen überfahren · Renoir spricht von Wagner · Die* Salons *und die Unabhängigen · Ein Tag in Valvins bei den Mallarmés · Julie lernt eine Dänin kennen · Wieder in der Bretagne · Ein furchtbares Drama · In Valvins · Ein erschütterndes Begräbnis · Renoirs Unterricht · Tumult in Paris · Julie merkt, daß sie kein Kind mehr ist · Die Primitiven im Louvre · Die Faschoda-Krise · Degas schneidet das Thema Heirat an · Julie wird zwanzig · Jeanne Baudot und Degas · Julie trifft Ernest Rouart wieder · Yvonne Lerolles Heirat*

*Samstag, 8. Januar*

Ich besuche Monsieur Renoir in seinem Atelier. Die Bilder, die er diesen Winter malt, sind schöner denn je; er zeigt mir ein bezauberndes Portrait einer Varieté-Schauspielerin im Directoire-Kostüm mit großem grauem Hut und Rosen; außerdem hat er eine Varieté-Loge begonnen, eine Menge Bilder mit seinem Dienstmädchen; er findet meinen Hut sehr hübsch, was mich freut, denn immer, wenn ich einen Hut kaufe, überlege ich, ob er Monsieur Renoir gefallen wird. Er sagt zu mir, daß er uns alle drei malen wird. Er amüsiert sich sehr über Dr. Evans, der einen Teil seines Vermögens seiner Heimatstadt Philadelphia vermacht hat, mit der Auflage, ihm eine Statue zu errichten, die nicht weniger als eine Million und nicht mehr als zwei kosten soll. «Woraus kann man sie machen?» sagt Monsieur Renoir. «Aus Rhinozeroshörnern oder mit Zahnarztpraxen im Innern?» Man stelle sich einen Zahnarzt vor, der sich eine solche Statue wünscht; hätte er nicht den Mallarmés etwas vermachen können? Wie sehr hätte es mich gefreut, wenn sie plötzlich wohlhabend geworden wären!

*Samstag. 15. Januar*

In Renoirs Atelier, wo man über die «Affäre Dreyfus» und die Juden spricht. «Sie kommen nach Frankreich, um Geld zu verdienen, und wenn es ums Kämpfen geht, verstecken sie sich hinter einem Baum», sagt Monsieur Renoir. «Es sind viele in der Armee, weil der Jude es liebt, im Uniformrock umherzuspazieren. Wenn sie aus allen Ländern verjagt werden, dann hat das seine Gründe, man sollte nicht zulassen, daß sie in Frankreich eine so große Rolle spielen. Man verlangt, daß der Dreyfus-Prozeß wieder aufgerollt wird, aber es gibt Dinge, die man nicht aussprechen kann, das will keiner begreifen.» Monsieur Renoir wettert auch gegen Pissarro, «einen Juden», dessen Söhne keine bestimmte Staatsangehörigkeit besitzen und nirgends Militärdienst leisten. «Sie ist zäh, diese jüdische Rasse, Pissarros Frau ist es nicht und alle Kinder sind es noch mehr als ihr Vater.»

*Donnerstag, 20. Januar*

Seit zwei Tagen arbeitet Charlotte [das Dienstmädchen] an der Mahlzeit für heute abend, die einfach, aber gut sein soll, und das gelingt ihr. Leider wenig Männer beim Essen. Fünf Männer und fünf Frauen sollten wir ursprünglich sein. Gestern schickte Monsieur Mallarmé uns einen Brief von Mauclair und teilte uns mit, daß er mit seiner Bronchitis

Von Julie Manet dekorierte Menukarte

wirklich nicht ausgehen könne. Monsieur Mallarmé sagte, er habe Geoffroy eingeladen. Welch ein Schrecken für uns, wir kennen ihn nicht. Heute schickt Monsieur Faivre ein Telegramm, er habe die Grippe. Schließlich kommt Monsieur Mallarmé ohne Geoffroy; Geneviève hat sich in Unkosten gestürzt wegen all der Männer, die sie sehen sollte; Monsieur Renoir erscheint allein, Arsène Alexandre wird noch erwartet. Um halb acht Uhr schließlich klingelt es: «Ah, da ist er!» Die Tür geht auf, eine Frau tritt ein. «Er hat seine Frau mitgebracht», sage ich zu mir selbst und denke, daß er seiner Frau auf dem Fuß folgt; aber die Tür schließt sich wieder. «Ah! Es ist Madame de Loute, die uns um diese Zeit einen Besuch abstattet», das heißt, sie will mit uns über den Preis des Tanzkurses sprechen, den wir veranstalten. Wir sagen ihr ganz offen, daß sie recht spät kommt, doch sie macht keine Anstalten zu gehen. Endlich verabschiedet sie sich, verläßt uns, und wir setzen uns ohne Arsène Alexandre zu Tisch. Das alles ist so ärgerlich, daß man nur darüber lachen kann, aber schließlich haben wir doch unsere Freude an einem reizenden Gespräch zwischen Monsieur Mallarmé und Monsieur Renoir. Zwei Männer sind uns geblieben von den fünf oder sechs, ja sogar sieben, die hätten da sein sollen, denn wir gingen zu Monsieur Degas, um ihn einzuladen, trafen ihn aber in einer solchen Stimmung gegen die Juden an, daß wir wieder weggingen, ohne etwas davon zu sagen. Während des Essens unterhalten wir uns ein wenig über die Affäre Dreyfus und erfahren, daß Arsène Alexandre Jude ist.

Monsieur Renoir spricht von Zola, daß er die Dinge immer nur von einer Seite sehe und wie er das Volk beschreibe. «Das ist», sagt Renoir, «als ob jemand einen Spalt breit die Tür eines Häuschens öffnet und sagt: ‹Hier riecht es schlecht›, und wieder fortgeht, ohne die Wohnstatt betreten zu haben.» Dann sagt er, daß ihm früher, als er oft in die Moulin de la Galette ging, wo sich alle Familien vom Montmartre trafen, just auffiel, wieviel Feinfühligkeit jene Leute besäßen, von denen Zola als von schrecklichen Menschen spreche.

*Samstag, 22. Januar*

Ich gehe mit Paule zu den Durand-Ruels; wir sehen uns die beiden dekorativen Gemälde an, die Monsieur Renoir kürzlich gemalt hat, das eine zeigt eine Gestalt in Blau, die Gitarre spielt, das andere eine in Rosa, die das Tamburin schlägt; es ist entzückend, die unerhört duftigen Röcke wirbeln über den Boden, die ornamentalen Einzelheiten sind sehr hübsch, es gibt reizende kleine Amoretten; sodann sehen wir eine Frau mit Gitarre, der ein kleines Mädchen in Rot lauscht, ebenfalls wunderhübsch; Monsieur Renoir malt die Stoffe, die Kissen, die Teppiche auf ganz ungewöhnliche Weise. Mit Freude sehe ich die nackte Frau mit den braunen Haaren in Rückenansicht wieder und im Hintergrund das Meer, auch die Blonde mit den schrägen Augen, in deren Haar eine leichte Brise spielt.

*Donnerstag, 27. Januar*

Wir sehen uns mit den Baudots die Sammlung Rouart an. Dabei entdeckte ich, welch ein Genie Corot gewesen ist; ich glaubte, ihn von seinen zauberhaften Landschaftsbildern zu kennen, doch ich kannte ihn nicht vollends; wenn Monsieur Renoir mit Begeisterung von Corots Figuren sprach, konnte ich seine Bewunderung nicht teilen, da ich noch nie eine gesehen hatte; doch jetzt verstehe ich diese Begeisterung; welch genialer Maler Corot gewesen ist, wurde mir erst heute klar; bis jetzt glaubte ich, ihn zu lieben, und schätzte ihn nicht, wie es ihm gebührt. Monsieur Rouart besitzt wundervolle Portraits von der Hand Corots, eine Frau im rosa Kleid mit langen schmalen Armen, eine charmante Frau in Grau, eine reizende mit schwarzem, gescheiteltem glattem Haar und etwas Gelbem auf dem Kopf, und eine herausgeputzte Dame aus dem Directoire, eine erstaunliche

Zeichnung; außerdem vortreffliche Landschaften, die Insel San Bartolomeo, deren rosa Bauten sich im Wasser spiegeln, eine Ansicht des Kolosseums mit schönen Gebirgslinien und runden Bäumen von jenem Grau, das den Bäumen des Südens eigen ist; sodann viele andere mit Bäumen, deren lockeres Blattwerk den Himmel durchscheinen läßt. Corots Grau, aus dem manchmal ein zaubrischer Ton heraussticht. Ich denke an das, was ich gesehen habe, träume davon und denke an alles, was Monsieur Renoir mir über Corot gesagt hat. Monsieur Rouart hat außer den Werken Corots noch weitere schöne Bilder, eine großartige Kopie des *Raubes der Sabinerinnen* von Poussin, gemalt von Monsieur Degas, sie ist in der Farbgebung sogar schöner als das Original; dann einige reizende Tänzerinnen, ebenfalls von Monsieur Degas; aber sie sind vielleicht weniger eigenartig als jene, die Manzi besitzt. Ein großes Gemälde von Monsieur Renoir, das eine Amazone auf einem Apfelschimmel darstellt und ein Kind auf einem Pony von gleicher Farbe; die Pferde sind wunderbar in der Bewegung, die Amazone voller Anmut, der Hintergrund ist vollendet. Ich hatte von Monsieur Renoir noch nie etwas in dieser Art gesehen; dann eine Frau in Blau und ein anderes Bild. Von meinem Onkel Édouard gibt es da die *Gitarrenstunde*, wie ich glaube, ein herrliches Bild, aber zu hoch gehängt, die dicken kurzen Arme der Frau sind bewundernswert; dann die sehr schöne Büste einer Frau mit einem Samtband um den Hals und schließlich Tante Suzanne in einem dieser grauen Kleider, in denen mein Onkel Édouard sie so oft gemalt hat, schön ausgebreitet, an einem Strand, neben ihr ein Herr (Monsieur Rouart sagt, es sei Papa; aber er hat überhaupt keine Ähnlichkeit mit ihm), man sieht einen schmalen, ziemlich dunklen Streifen Meer, so wie es vor einem Sturm ist, wie lebendig, wie lebendig!

Wir sehen ein entzückendes Bild von Maman, es zeigt eine Frau auf der Terrasse eines Landhauses, im Hintergrund ein Meer und eine sehr hohe Klippe und einen kleinen gewundenen Pfad, der sich nach und nach verliert. Es muß in Fécamp gemalt worden sein, wie das meines Onkels Édouard, vor Papas und Mamans Hochzeit. Von Monsieur Monet ist da ein reizendes Seestück: Ein in blauen Dunst eingehülltes Boot scheint langsam dahinzufahren; außerdem zwei Landschaftsbilder. Dann ein hübsches Bild von Delacroix, ein anderes von Fragonard und mehrere von Daumier.

*Sonntag, 30. Januar*

Monsieur Renoir mit Pierre zum Abendessen. Er spricht von der Petition, die die Juden, die Anarchisten und die Literaten eben jetzt unterzeichnen, um die Wiederaufnahme des Dreyfus-Prozesses zu erwirken, und daß Natanson ihn gebeten habe, auch zu unterzeichnen; natürlich habe er abgelehnt, ebenso die Teilnahme an einem Abendessen, das diese Gesellschaft gab, bei der man einmal darüber diskutiert hatte: «Wo beginnt der Bourgeois und wo hört er auf? Bin ich ein Bourgeois?» «Nein, wir sind Intellektuelle», hatte man ihm geantwortet.

*Samstag, 5. Februar*

In Monsieur Renoirs Atelier, um ihm Lebewohl zu sagen, denn er reist morgen in den Midi. «Ich hätte», sagt er zu uns, «eine Frau gebraucht, die mich an der Nase herumführt.» «Aber tut das nicht...», wagen Paule, Jeanne Baudot und ich zu bemerken. Monsieur Renoir tut sehr erstaunt und sagt uns einige Zeit später, daß er durch uns etwas erfahren hätte, was er bereits vermutete.

Wir treffen uns mit Monsieur Mallarmé im Odéon, wo er

uns Plätze in seiner Loge anbietet. Wir hören die «Poèmes Antiques» von Leconte de Lisle, sehr schön gesprochen von Madame Méry Laurent; ganz wunderbar, dann ein Gedicht von Edgar Allan Poe, übersetzt von Monsieur Mallarmé, ebenfalls sehr schön; reizende weiblich-zarte Verse von Madame Desbordes-Valmore über Rosen, deren Blütenblätter sich lösen und fallen. «Les Petites Vieilles» von Baudelaire, auch sie sehr schön. Ein Fragment der «Aphrodite» von Pierre Louÿs, zu Herzen gehend und sehr schön.

*Samstag, 12. Februar*

Ich besuche Tante Suzanne, der Zola-Prozeß beschäftigt sie sehr. Nach ihrer Meinung handelt Zola in gutem Glauben; aber sie hält ihn für verrückt. Sie kauft abends die Zeitungen, um zu sehen, ob man ihn nicht in die Seine geworfen hat; denn es würde ihr leid tun, wenn man diesen Mann, den sie kennengelernt hatte, in solcher Weise malträtierte.

*Mittwoch, 23. Februar*

Bei Durand-Ruel *Den Garten der Tuilerien* meines Onkels Édouard gesehen; wie schön und ergötzlich ist doch das Bild, wie gut sehen alle diese Personen aus; fast alle Männer sind bekannte Künstler, in einer Ecke sieht man Onkel Édouard, Papa, der grüßt, er ist sehr gut getroffen.

*Samstag, 26. Februar*

Monsieur Renoir ist diese Woche zurückgekehrt, er kommt heute zum Austernessen zu uns. Er findet, daß Labori Zola sehr schlecht verteidigt hat; was diesen angeht, so hat er etwas über Dreyfus geäußert, er hat nur von sich gesprochen, von seinen beiden Werken, die die französische Sprache in die ganze Welt getragen haben, und dergleichen mehr.

*Montag, 28. Februar*

Dem Kutschenverleiher Colbach, der uns gegenüber wohnt, ist ein schreckliches Unglück zugestoßen: Sein seit einem Jahr verheirateter Sohn fuhr gestern mit seiner Frau spazieren, als eine elektrische Straßenbahn sie rammte und er auf die Schienen geschleudert wurde; dabei schlug er sich ein Loch in den Kopf und starb in derselben Nacht, die arme junge Frau, die in anderen Umständen ist, hat das Handgelenk gebrochen und Kopfverletzungen davongetragen. Welch tragisches Geschick! Dieser Mann, der seit seiner Kindheit mit Pferden vertraut war, wußte so gut einen Wagen zu lenken; mit neunundzwanzig Jahren durch einen solchen Unfall zu sterben und eine junge Frau von zwanzig Jahren in diesem Zustand zurückzulassen, ist entsetzlich! Die armen Leute! Der Vater, der so anständig wirkt, und der Bruder und die Schwester müssen außer sich sein! Wir können nicht anders, als immer wieder daran zu denken; ach, könnte man diesen Armen doch helfen!

*Mittwoch, 2. März*

Immer, wenn ich auf dem Friedhof hinter die große Zypresse trete, die der granitenen Grabstätte Schatten spendet, sehe ich einen blauen Himmel, der mir zu sagen scheint: «Diejenigen, die du beweinst, sind glücklich.» Trotz des Platzregens heute fiel während ich betete ein Sonnenstrahl durch die Wolken, die sich da und dort teilten und den blauen Himmel sehen ließen. Maman, Maman! Sag mir, ob ich dir mißfalle, sag mir, ob ich einen Weg einschlage, der dir mißfällt, ich möchte einen Charakter haben, der dem deinen gleicht, das lieben, was du geliebt hast und lieben würdest, malen, wie du es möchtest, nun ja, eben deine Tochter sein. Könnte ich dir doch ähnlich werden! Durch das ganze Leben zu gehen, ohne dich wiederzusehen, ist eine so lange Zeit; ich möchte es wert sein, dich danach wiederzufinden. Maman, die ich so geliebt habe, leite mich!

*Donnerstag, 17. März*

Wir kostümieren uns, um Monsieur Mallarmé und Monsieur Renoir zu empfangen, die überhaupt nicht in Mittfasten-Stimmung sind und wieder mit ihrer ewigen Diskussion über die Dreyfus-Affäre beginnen, sie wiederholen, was die Nachrichten bereits gebracht haben, Monsieur Renoir sagt – was wahr ist –, daß es das Merkmal der Juden sei, alles in Frage zu stellen und so fort. Sie mögen ja interessant sein, aber man hat jetzt wirklich genug von dieser Angelegenheit, wir können nichts dazu sagen. Es muß grotesk ausgesehen haben, die beiden Männer, von denen der eine ernsthaft diskutierte, Monsieur Renoir sehr aufgeregt, und drei Leute in mehr oder weniger komischen Kostümen, die dasaßen und ihnen lauschten, ohne den Mund aufzumachen.

*Samstag, 19. März*

Bei Durand-Ruel, wo zur Zeit prachtvolle Bilder meines Onkels Édouard ausgestellt sind: ein Torero, mein Onkel Gustave, glaube ich, vor bräunlichem Hintergrund, stehend und schwarz gewandet, die Beine gekreuzt, die gelben Stiefel wunderbar gemalt, ebenso das schwarze Kostüm und die Mütze. Die Darstellung des Körpers, den ein breiter, zartgrauer und rosa Gürtel eng umschließt, ist großartig; die Hände sind äußerst lebendig, und der zinnoberrote gestreifte Überwurf mit den Wollquasten, den der Torero über dem Arm trägt, ist fabelhaft, ein großartiges Stück Malerei; man glaubt, sein Gewicht zu spüren, sieht die Qualität der Wolle; welch hübscher Kontrast dazu ist das Bild gegenüber, auf

Camille Pissarro

dem eine junge Frau im Espada-Kostüm einen hauchleichten rosaroten Stoff hält; die Hand, die dieses Tuch faßt, ist schön, und die Seidenstrümpfe, die die Beine betonen, wie schön sind auch sie! Die ganze Arena mit den Figuren im Hintergrund, der Reiter, all das in Grau und venezianisch Rot, ist so schön hinter der schwarzgewandeten Frau (es ist die gleiche wie die *Olympia*, *Das Frühstück im Freien* und andere) mit dem lila Kopftuch unter ihrem Hut, den rosa, gelben und blauen Farbtupfern, die die Grautöne aufhellen.

Was man doch aus diesem Bild alles lernen kann! Der Torero mit dem roten Tuch ist gewiß eines der Meisterwerke meines Onkels Édouard. Da ist außerdem *Die Erschießung Kaiser Maximilians*, *Die Musiker*, der zauberhafte *Garten der Tuilerien*, *Die Straße des 14. Juli*, Parks, ein reizendes kleines grünes Seestück.

Die Malerei Espagnats, eines jungen Mannes, der zur Zeit eine Ausstellung hat, wirkt grob, es gibt Sachen dabei, die nicht übel sind, hübsche Stilleben, aber die Bilder sind wirklich schlecht gemalt. Außerdem ist es schwierig, neben Manet zu bestehen.

Bei Durand-Ruel Monsieur Renoir getroffen, wir gehen mit ihm zu Madame Renoir, die zurückgekehrt ist.

*Dienstag, 29. März*

Bevor wir in die Kapelle gehen, sehen wir uns heute nachmittag im Hotel Drouot die Sammlung Goupil an, die morgen verkauft wird; da ist die überarbeitete *Alabama vor Cherbourg* im grünen Meer meines Onkels Édouard und ebenfalls von ihm ein Bildnis Tante Edmas im weißen Musselinkleid mit einem Kinderwagen hinter sich und Onkel Tiburce. Sehr hübsche Rennpferde von Monsieur Degas, Corots, eine hübsche Landschaft von Pissarro, mehrere Landschaften vom Monsieur Monet, zwei, die mir gut erscheinen: ein Winterbild mit grauen Bäumen vor einem orangefarbenen Himmel, ein Sommerbild, Bäume und Häuser, die sich im Wasser spiegeln. Wir treffen Monsieur Degas; Monsieur Monet ist abgereist, wir hätten ihn gern gesehen und erfahren, wie es dem jüngsten Sohn seiner Frau inzwischen geht, der sich bei einem chemischen Experiment beide Augen verätzt hat, welch grauenhafter Unfall, welche Schmerzen; glücklicherweise sieht er jetzt wieder, es wäre entsetzlich gewesen, wenn er ganz blind geblieben wäre. Wie schrecklich für Madame Monet, eine gelähmte Tochter, einen blinden Sohn zu haben, und für den armen zwanzigjährigen Jungen, sich zu sagen, daß er den Rest seines Lebens im Dunkeln verbringen würde; welche Seelenqualen hätten sich da zu den körperlichen gesellt.

*Samstag, 23. April*

Allgemeine Aufregung und Geschäftigkeit, aber schließlich ist alles rechtzeitig fertig, Paule wird frisiert, gepudert, ein wenig geschminkt, ihr Kostüm ist allerliebst; doch mir gefällt sie besser, so wie sie ist, in ihrem rosa Satinkleid. Tante Edma und Blanche kommen herauf, uns anzukleiden, Edma und die de Loutes erscheinen, um uns zu besichtigen, und helfen uns, die letzten Nadeln festzustecken. Jeannie trägt eine riesige Butterblume auf dem Kopf, sie steht ihr gut, sie hat eine kleine Kette aus den gleichen Blumen, trägt eine grüne Korsage, deren Ärmel Butterblumen darstellen, der obere Teil des Rocks besteht aus fünf großen Blütenblättern aus gelbem Satin, der Rest aus weißem Tarlatan, bedeckt mit kleinen Butterblumen. Ich trage einen Rock, eine Korsage und Ärmel in Form von Rosenblütenblättern, die sich aufwölben wie wirkliche Blütenblätter und mit hellerem Satin gefüttert sind.

*Sonntag, 29. Mai*

Ich lese heute Briefe, die Maman an Madame Cannat gerichtet hat, sie sind wirklich charmant. Ich muß weinen, wenn ich sehe, wie sehr Maman mich geliebt hat, wie sehr sie sich nach Papas Tod zusammengenommen hat, um mir nicht ihren Schmerz zu zeigen, und wie sie versucht hat, mich abzulenken. Welch ein Opfer für mich! Warum habe ich nicht von Papa zu sprechen gewagt und mit Maman geweint? Wir hätten von ihm reden können, und vielleicht wäre dann alles weniger schlimm gewesen. Stets werde ich mir deswegen Vorhaltungen machen. Wie gütig ist Maman zu mir gewesen, wie überaus zärtlich; in anderen Briefen, die an Tante Edma gerichtet sind, spricht sie auch stets von mir. Ihre Briefe sind fast Gespräche. Ach, welch reizende Frau war Maman, wie gut war sie, welch eine Künstlerin!

*Freitag, 3. Juni*

Gestern wurde die Ausstellung von Monsieur Monet eröffnet. Nur Paule ist hingegangen, sie hat die ganze Familie Monet getroffen, und Germaine ist so lieb, mich heute zu besuchen. Sie berichtet uns von dem schrecklichen Unfall, der gestern die Helleus betroffen hat. Just während Monsieur Helleu auf der Monet-Ausstellung weilte, wurde seine jüngste Enkelin, achtzehn Monate alt, die in einem Wägelchen spazierengefahren wurde, von einer Kutsche überfahren, dessen Pferde scheuten. Es geschah in der Avenue du Bois, beinahe unter den Fenstern der unglücklichen Eltern. Die armen Leute, wie entsetzlich, ein kleines Wesen von achtzehn Monaten auf diese Weise zu verlieren. Der kleine Junge war dabei, wie sehr muß ihn das berührt haben. Es ist wirklich ein Mißgeschick sondergleichen, daß so etwas in der Avenue du Bois geschieht, wo die Kinder scheinbar in Sicherheit sind. Jeder Unfall ist etwas Schreckliches.

*Sonntag, 5. Juni*

Monsieur Renoir kommt zum Abendessen. Er wundert sich, daß Monsieur Monets Ausstellung bei ihm einen Eindruck

*Julie Manet*. Jeannie Gobillard in Le Mesnil

*Julie Manet.*
Jeannie Gobillard
am Klavier

Zwischen 1930 und 1960 dekorierte Julie zahlreiche Porzellanteller. Sie befinden sich heute im Speisezimmer des Schlosses Le Mesnil.

*Julie Manet.* Selbstbildnis, wahrscheinlich nach einer Studie Berthe Morisots

*Paule Gobillard*. Julie Manet und ihre Cousine im Garten von Le Mesnil

der Leere hinterlassen hat, und fragt Paule, was sie davon halte; sie antwortet, sie habe sie ebenfalls langweilig gefunden, dann sagt er, Pissarros Straßen seien recht schlecht. Arsène Alexandre fragte offenbar, da er nicht wußte, was er über die zwei Ausstellungen sagen sollte, Monsieur Renoir um Rat, der antwortete: «Die von Monet ist großartig.» «Also gut, ich werde sagen, sie ist großartig», erwiderte Arsène Alexandre. «Die von Pissarro, die ist dumm», fährt Monsieur Renoir fort. «Ich werde sagen, sie sei sehr schlecht.» «Nein, sagen Sie nur, sie sei weniger gut.» Da sieht man, wie selbst die intelligentesten Kunstkritiker herunterkommen.

Wir sprechen über den Salon. Monsieur Renoir findet Anquetin recht gut, Lerolle nicht schlechter als andere, Puvis de Chavannes so schlecht, daß er hundertmal an ihm vorbeiging, ohne ihn wahrzunehmen. «Der Balzac [von Rodin]», sagt er, «macht zunächst einen gewissen Eindruck, der jedoch schwindet, und wenn man an ihn zurückdenkt, findet man ihn weniger gut. Eine Skulptur, die überdauern soll, muß Ruhe ausstrahlen.» Monsieur Renoir ist heute abend besonders interessant. Er erzählt uns, wie er als einer der ersten Wagners Werke kennenlernte, nämlich als Mitglied einer Gesellschaft, in der Lamoureux, d'Indy und andere waren, und dann, als er ein Atelier zusammen mit Freunden hatte, die viel musizierten. Oft hörte er, wenn er schon im Bett lag, noch Wagner und rief: «Seid ihr jetzt bald fertig damit?» Zu jenem Zeitpunkt reiste er nach Italien, und seine Freunde rieten ihm, bis nach Sizilien zu fahren, um Wagner zu besuchen, der sich in Palermo aufhielt, und ihm sein Bildnis mitzubringen. Monsieur Renoir fuhr hin und wurde von Frau Wagner empfangen, die ihm mitteilte, ihr Mann könne derzeit niemanden empfangen, weil er gerade dabei sei, eine Partitur fertigzustellen. Monsieur Renoir wartete einige Tage, dann kam es endlich zu der Begegnung mit Wagner, und in einer halben Stunde fertigte er das großartige Portrait an, das auf seiner Ausstellung von 1892 zu sehen war und auf dem er so gut getroffen sein soll. Wenn man dieses Portrait betrachtet, kann man sich eine lebhafte Vorstellung von Wagners blauen Augen machen.

*Donnerstag, 9. Juni*

Ich besuche Monsieur Monets Ausstellung, fest entschlossen, mich von dem, was man mir gesagt hat, nicht beeinflussen zu lassen. Im Gegensatz zu mehreren anderen Leuten finde ich die Blumen schön; ich meine, eines der Beete der Chrysanthemenausstellung vor mir zu sehen, jener riesigen Chrysanthemen in prachtvollen Farben. Seine Seine-Bilder erscheinen mir arg trist, zwei, auf denen das Wasser eher bewegt ist, gefallen mir gut, ich sehe die schönen Kathedralen wieder in gelben, goldenen, grünen Tönen vor blauem Himmel und zwei vollständig rosafarbene, die auf mich ein wenig wie Erdbeereis wirken. Mehrere Ansichten von Pourville sind prächtig, unter anderem eine mit einem sehr blauen Meer und rosa Küsten, eine mit einer Klippe, die das Meer verschattet, und eine, deren grünes Meer gegen einen lila Strand gischtet. Natürlich ist der allgemeine Eindruck alles andere denn erfreulich; das liegt vielleicht an der Eintönigkeit dieses großen Raums bei Petit (wenn man Petit heißt, macht man große Dinge), wo eine Wand eingenommen wird von den norwegischen Landschaften, die andere von der Serie der grauen Seine-Bilder, die dritte von den Kathedralen und die vierte von den Meeren. Da herrscht Ordnung.

Danach gehen wir zu Durand-Ruel, und wie überrascht

sind wir, als wir von der Rue Le Peletier hereinkommen und in einen Raum voll heiterer fröhlicher Gemälde von Monsieur Renoir blicken; da sind das prachtvolle *Mittagessen in Bougival*, auf dem man stets etwas Amüsantes entdeckt, die *Tänze* auf dem Land und in der Stadt, die zwei weißen Handschuhe der Tänzerin und des Tänzers sind bewundernswert, *Die Loge*, die ich ganz besonders liebe; Kinder mit von der Sonne ausgebleichten Blondköpfen vor einem Meereshintergrund; Halbfiguren, mehrere Figuren, und inmitten dieser früheren Werke hängen entzückende kleine Köpfe, die in diesem Winter entstanden.

Im zweiten Saal sehen wir Landschaften von Monsieur Monet, die in keiner Weise trist sind, Flieder, südliche Meere und prachtvolle Olivenbäume. Daneben hängen Pissarros Straßen von Paris, die aussehen, als seien sie von einem Hausdach aus gemalt. Man sieht viele Omnibusse und Kutschen von oben, doch leider sind die Pferde im Profil dargestellt und scheinen immer auf der rechten Seite zu liegen (wie rutschig muß das Pflaster sein; wie viele gestürzte Pferde!). All das ist schwarz und weiß, na ja, und eigentlich nicht sehr gelungen. Ich erinnere mich an Ausstellungen von Bildern Pissarros mit Figuren zwischen Heuschobern, die mit dem hier nichts gemein haben.

Danach ist ein kleinerer Raum Sisley gewidmet; da sind großartige Landschaften, die Natur, so wie sie ist. Die *Machine de Bougival*, die sich im hellen Wasser spiegelt, macht mich begehrlich. Dann, ebenfalls sehr hübsch, ein Flußufer mit einem sehr dichten Baum, der sich in den Himmel erhebt.

Beim Hinausgehen sehen wir eine entzückende Tänzerin von Monsieur Degas.

Alfred Sisley

*Sonntag, 12. Juni*

Durch die beiden Salons und die «Indépendants» gegangen, es ist geisttötend. Von der Malerei auf dem Marsfeld ist man schon nicht sehr begeistert, aber die der Champs-Élysées widert einen richtig an. Zum Glück vergißt man sie und denkt an die Bilder bei Durand-Ruel und bei sich zu Hause. Wie soll die große Menge je etwas von Malerei verstehen, wenn sie jedes Jahr in den Salon geht?

*Donnerstag, 16. Juni*

Nach dem Abendessen statten wir Monsieur und Madame Renoir einen kleinen Besuch ab. Wir werden sehr freundlich empfangen; wir unterhalten uns mit Monsieur Renoir über seine Ausstellung, er sagt uns, auf dem *Tanz* sei Madame Renoir und sein Freund Lauth dargestellt, von dem er stets mit Zuneigung und Trauer spricht. Das Bildnis Jeans in schwarzem Samt mit einem Kragen aus Guipure-Spitze und einem Reifen in der Hand hängt im Salon, es wirkt sehr gut, man glaubt, es sei das Bildnis eines kleinen Prinzen.

*Freitag, 1. Juli*

Wir gehen in Monsieur Renoirs Atelier, um seine neue Türverzierung zu betrachten, es sind wunderschöne Figuren à la grecque, voller Bewegung, von erstaunlicher Farbgebung, mit feinem Faltenwurf, leuchtenden Gelbtönen.

Monsieur Renoir reist morgen früh für drei Tage nach Dieppe, um für diesen Sommer ein Haus zu suchen, und er bietet uns an, ihn zu begleiten. Zuerst sagen wir, es sei unmöglich, wir hätten gerade morgen mehrere Termine, mit dem Notar und auch andere, dann überlegen wir uns, daß ein kleiner Ausflug nach Dieppe, das wir noch nicht kennen, eigentlich nett wäre. Als wir uns von Monsieur Renoir verabschieden, sagen wir zu ihm, daß er uns, wenn wir uns entschlössen, am Saint-Lazare-Bahnhof treffen würde. Zu Hause zögern wir noch immer, und erst am Abend schicken wir Telegramme und telephonieren mit den Professoren, Schülern und dem Notar.

*Samstag, 2. Juli*

Um acht Uhr sind wir am Saint-Lazare-Bahnhof, wo wir Monsieur und Madame Renoir samt Jean treffen, der während der ganzen Fahrt sehr unruhig ist und eine Mitreisende, die Kanarienvögel bei sich hat, ausfragt, was sie in Dieppe tun werde und was dergleichen mehr ist. Wir fahren die altbekannte Strecke über Meulan, die mich an die Zeit von Mézy erinnert, diese so glückliche, leider so lang zurückliegende Zeit. Wir kommen durch Mantes-La-Jolie, Rouen mit seinen prachtvollen Kirchen, aber der Himmel ist grau und die Landschaft ist nicht so schön wie sonst.

*Sonntag, 3. Juli*

Es ist eiskalt am Meer, man kann sich nicht am Strand aufhalten. Befindet man sich in einiger Entfernung, so fühlt man sich vom Meer, das wirklich sehr schön ist, angezogen, und wenn man sich ihm nähert, stößt es einen ab. Wir machen einen hübschen Spaziergang über die Klippe, von wo aus man die Küste überblickt, die jener gleicht, die Monsieur Monet in Pourville gemalt hat, dann fahren wir mit dem Wagen aufs Land. Das Essen ist hier wahrhaft furchtbar, wir ernähren uns alle nur von Milch und Brot. Den Abend verbringen wir an Monsieur Renoirs Fenster und betrachten die Landschaft, die Klippe, die sich vor dem Meer erhebt «diese lächerliche Spitze», wie Monsieur Renoir sagt. Wir erleben eine großartige Mondfinsternis. Es ist merkwürdig, den Schatten unserer Erde auf einem anderen Planeten zu erblicken. Ein seltsames Gefühl, zu denken, daß man sich auf einer Kugel befindet. Wie wunderbar ist die ganze Schöpfung! Wie klein ist in Wirklichkeit der Mensch, und jeder nimmt sich so wichtig! Wir sind nichts im Vergleich zu dieser Unendlichkeit! So verbringen wir den ganzen Abend am Fenster, den Mond betrachtend und plaudernd, während das schwere Rauschen des Meeres, das die Kiesel am Strand hin und her rollt, dumpf zu hören ist.

Monsieur Renoir hatte keine Lust, hier eines dieser schrecklichen Häuser zu mieten, Madame Renoir wollte es gern, also haben sie eines gemietet.

*Sonntag, 24. Juli*

Wir verbringen den Tag in Valvins mit den Mallarmés, die uns mit gewohnter Liebenswürdigkeit empfangen, und wir freuen uns sehr, sie zu sehen, Mallarmé fährt uns im Boot auf der Seine spazieren, danach trinken wir in dem Gärtchen, in dem alle Stockrosen blühen, Tee. Drei besonders hübsche rosafarbene symbolisieren uns, sagt Mallarmé.

Zu Abend essen wir mit einer Dänin, einer Freundin Genevièves, die sehr komisch ist; sie wundert sich, daß wir nicht rauchen. Sie erzählt, daß sie in Paris auf einem Spaziergang mit einer Freundin an den Buttes-Chaumont in eine Gaststätte eintrat, um etwas Erfrischendes zu sich zu nehmen. Als sie auf der Speisekarte «Absinth» las, bestellte sie ein Glas, ohne zu wissen, was es war. «Das ist nichts für die kleinen Miss», erwiderte der Kellner und brachte ihr Wasser und Granatapfelsirup. Nach dem Abendessen fangen wir an, uns zu verabschieden und einander zu umarmen; die Dänin meint dazu, daß sie prinzipiell nie einen Mann umarme. Monsieur Mallarmé und Geneviève begleiten uns zu dem kleinen Bahnhof von Valvins. Er umarmt uns von neuem, man trennt sich und wünscht einander schweren Herzens einen schönen Sommer.

*Donnerstag, 11. August*

Wir fahren zu den Rodiers in einen kleinen Ort im Finistère, nach Brignogan.

Wir machen Station in Morlaix und übernachten im Hotel Europa, wie vor vier Jahren; wir kommen abends an und fahren über den Viadukt in die Stadt ein, in der ein paar Lichter brennen, wie am gleichen Tag jenes Jahres. Niedergeschlagenheit befällt mich, als ich in dem Zug sitze, der mich in diese Stadt bringt, die ich in der Dunkelheit vor mir liegen sehe, und als ich aussteige, mich ins Hotel begebe, wo ich hier, an diesem Tisch Maman sitzen sehe, die darüber lacht, daß ich mich in Morlaix so wohl fühlte. Vier Jahre schon liegt diese letzte Reise mit Maman zurück, sie ist meine letzte vergnügliche Erinnerung an sie; ich denke oft daran.

*Montag, 15. August*

Wir erleben eine prächtige Prozession, noch nie habe ich so schöne Trachten gesehen. Frauen mit Spitzenhauben über goldenen Kappen, in Kleidern aus rotem und violettem Satin, in Farben wie Dahlienblüten, goldbestickt, mit blauen, von Schmuckstücken gehaltenen Spitzentüchern, die durchsichtig auf den Kleidern liegen und darum rosa wirken, tragen die Reliquienschreine, die Statuen der Jungfrau Maria; kleine Mädchen in weißen getüpfelten Musselinkleidern und mit großen weißen zuckerhutförmigen Hauben tragen die Kirchenfahnen. Man glaubt sich in ein anderes Jahrhundert versetzt. Welch wundervolle Farben, welch ein Motiv für ein Bild wäre diese ländliche Prozession auf dem Rückweg von einem kleinen Kalvarienberg, mit reetgedeckten Häusern und dem Meer als Hintergrund.

*Julie und ihre Cousinen verbringen danach zehn Tage in der Bretagne, kehren am 25. August für eine Nacht nach Paris zurück, ehe sie mit Jeanne Baudot und deren Eltern, der Familie Clément und Jacques Drogue nach Burgund in Ferien fahren. Nach diesen Tagen, die sie sehr genießen, verlassen sie die Cléments am 7. September, um zu Renoir nach Essoyes zu reisen und wieder zu malen.*

*Samstag, 10. September*

Etwas Schreckliches ist geschehen! Wir erhalten eine Depesche mit der Nachricht, daß Monsieur Mallarmé gestorben ist. Ist's möglich, was kann ihm gefehlt haben? Es ist entsetzlich! Arme Madame Mallarmé! Arme Geneviève! Oh, wie unglücklich bin ich über den Tod dieses großen Freundes von Papa und Maman, die ihn zu meinem Vormund bestellt haben. Er war reizend zu uns, väterlich pflegte er uns «die Kinder» zu nennen. Er rief mir stets die so wundervollen Donnerstagabende zu Hause ins Gedächtnis. Sich vorzustellen, daß dieser Mann, den wir im Juli noch bei bester Gesundheit sahen, dahingegangen ist! Der Tod ist etwas Schreckliches. Die grauenhafte Nachricht hat Monsieur Renoir tief bewegt. Er fährt mit uns heute abend nach Valvins. Wir übernachten in Troyes.

*Sonntag, 11. September*

Wir kommen in Valvins gegen zwei Uhr an. Wie schmerzlich ist es, diesen Weg entlang der Seine zu dem kleinen Flecken hinabzugehen, ständig denkt man daran, daß derjenige, den man betrauert, dort nicht mehr ist. Das Boot wirkt verwaist, sein Boot, das er so sehr liebte und das mich an eine erste Spazierfahrt 1887 mit Maman und Papa erinnert, der Monsieur Mallarmé fragt, ob er denn nie etwas über sein Boot geschrieben habe. «Nein», antwortet dieser mit einem Blick auf sein Segel, «ich lasse diese große Seite weiß.»

Das Herz wird mir schwer, als ich den Garten betrete, die Treppe emporsteige und die zwei unglücklichen Frauen sehe; wie sehr sind sie zu bedauern, wie soll man sie trösten, man kann nur mit ihnen gemeinsam weinen. Ah, die arme Geneviève, welch ein Leben hat sie! Es ist schrecklich, dieses bezaubernde Heim ohne Monsieur Mallarmé zu sehen und, statt ihn im Garten unter dem Kastanienbaum, den Geneviève als Kind pflanzte, plaudern zu hören, dort seinen Sarg zu erblicken; es ist grauenhaft! Ah, zu denken, daß wir nie wieder diese sanfte Stimme vernehmen werden! Er hatte eine so reizende Art, «Maman» zu sagen, wenn er zu mir von ihr sprach. Ihn hatte Papa zu meinem Vormund gewählt, er und Monsieur Renoir waren die beiden engsten Freunde von Papa und Maman. Es war so schön, die zwei bei sich zu haben. Natürlich ahnte ich diesen Winter nicht, daß wir uns an ihren gemeinsamen Gesprächen zum letztenmal erfreuten.

Schriftsteller und Bauern, mit denen Monsieur Mallarmé so freundlich umging, haben sich zahlreich im Garten eingefunden, um an dieser herzzerreißenden Beerdigung teilzunehmen, und man sieht die Trauer auf allen Gesichtern. Die Zeremonie in der Kirche von Samoreau ist sehr schlicht und sehr schön. Der Friedhof liegt an der Seine zu dem Wald hin, den Monsieur Mallarmé so liebte. Er wird neben seinem Sohn, den er ganz jung verloren hat, in die Erde hinabgesenkt; zitternd spricht Roujon ein paar Worte im Namen der Alten, Catulle Mendès, Dierx, Mars und so weiter, schlichte Worte über das Wesen seines Freundes, bringt zum Ausdruck, wie sanftmütig er gewesen ist, allen kommen die Tränen, als er sagt, wie er jedem, der sich mit Problemen an ihn wandte, seine Hilfe versprach, «freundschaftlich die Hand hinstreckte, wobei er die Lider über seine großen Kinderaugen senkte». Welch gerechtes und ehrerbietiges Portrait, genauso, wie Monsieur Mallarmé es sich gewünscht hätte. Danach ergreift Paul Valéry das Wort im Namen der Jungen; doch er ist so tief bewegt, daß er nicht weitersprechen kann, und wir verlassen mit Geneviève schluchzend den Friedhof.

Daß an einem solchen Tag alle Freunde einen umarmen und mit einem weinen, ist vielleicht noch das weniger Schlimme; viel schrecklicher ist es zu sehen, daß das Leben weitergeht, als sei niemand dahingegangen, und daß man sich immer weiter von der Zeit entfernt, in der man mit den Menschen lebte, die man beweint. Wie trostlos ist es, abends, als alle fort sind, nur mehr diesen beiden Frauen gegenüberzusitzen, die von nun an ohne den Menschen sein werden, für den sie lebten. Wir essen mit ihnen zu Abend, und ich sehe uns im Geist an diesem selben Tisch, am 24. Juli, zusammen mit dem, den wir jeden Augenblick einzutreten erwarten, ein paar freundliche Worte auf den Lippen. Alles hier ist er. Valvins hat seine Seele verloren.

*Montag, 12. September*

Wir übernachteten bei Madame Hubert und werden noch bis morgen bleiben, denn wir wollen unsere trauernde Freundin und ihre arme Mutter nicht zu schnell verlassen. Was könnten wir tun, daß ihr Leben weniger trist wäre? Wirklich, ich weiß es nicht. Allein hierzubleiben, wäre für die beiden trostlos; die teuren Erinnerungen aufzugeben, ist noch schwerer. Wir fragen sie, ob sie nach Essoyes kommen wollen, doch sie können sich nicht dazu entschließen. Ich bin sehr betrübt. Ich begreife nicht, wie diese Halskrankheit einen so kräftigen Mann in drei Tagen dahinraffen konnte, die Schmerzen begannen Dienstagabend, und Freitag vormittag um elf Uhr starb er in einem entsetzlichen Krampf. Er hatte drei solcher Krisen, und nach der ersten sagte er zu Geneviève: «Kann ich bei so etwas nicht hinübergehen?» Er muß gespürt haben, daß er nicht mehr lange zu leben hatte, denn Geneviève fand auf seinem Schreibtisch einen Briefumschlag, auf dem geschrieben stand: «Empfehlungen betreffs meiner Schriftstücke», aber nichts darin. Was muß er durchlitten, welche Angst muß er ausgestanden haben bei dem Gedanken, seine Frau und seine Tochter allein zurückzulassen, seine Werke, an denen er so viel arbeitete, nicht beenden zu können!

Wir verbringen den Tag mit Madame Mallarmé, der es erstaunlicherweise fast besser geht als sonst, und mit Geneviève, die schrecklich schlecht aussieht. Es tut mir leid, daß sie nicht verheiratet ist, jetzt wird das wahrscheinlich sehr viel schwieriger sein.

Konnte man voraussehen, daß Monsieur Mallarmé mit sechsundfünfzig Jahren sterben würde? Oh, nein, nie hatte ich an seinen Tod gedacht, stets glaubte ich, daß er sehr alt werden würde. Welch ein schreckliches Ende!

*Mittwoch, 14. September*

Wir suchen Monsieur Renoir auf, der Sonntagabend Valvins verlassen hatte. Wir sprechen mit ihm über die arme Familie Mallarmé, er sagt sehr richtige Dinge über Genevièves Leben. Da er merkt, wie betrübt wir sind, versucht er, uns auf andere Gedanken zu bringen, er ist wirklich sehr lieb mit seiner Art, so zu tun, als achte er auf nichts, und dabei doch an alles zu denken. Jetzt, da ich den Menschen verloren habe, der neben ihm Papas und Mamans bester Freund war, fühle ich mich ihm um so fester verbunden. Monsieur Mallarmé und Monsieur Renoir waren die engsten Freunde, sie erschienen pünktlich jeden Donnerstag. Ach, wer ist von den Habitués dieser Donnerstagabendessen geblieben? Nur Monsieur Renoir. Die anderen waren Monsieur Mallarmé, Tante Yves, mein Patenonkel, Papa, Maman. Und von diesen sechs Leuten sind in acht Jahren fünf gestorben. Wie viele Tote!

Geneviève und ihre Mutter gehen mir nicht aus dem Sinn,

ich hätte gern, daß sie hier wären. Ich wiederhole im Geist Roujons schöne Worte und sehe ständig diesen Sonntag vor mir, der für die beiden unglücklichen Frauen noch weniger schlimm war, als die kommenden es sein werden. Die Beweise der Zuneigung, die Tränen der Freunde, die sich mit den ihren vermischten, waren weniger arg, als die Einsamkeit es nun sein wird. Viele Menschen waren bei dieser schlichten, leidvollen Beerdigung, und alle beweinten aufrichtig jenen, der stets so liebenswürdig und gut gewesen war. Ich war sehr entrüstet, weil Mauclair nicht gekommen ist; er hat einen Brief geschrieben, in dem er nur davon spricht, daß er mit einer sehr in ihn verliebten Dame in Samois zur Sommerfrische sei. Er hätte sich ruhig bemühen können, denn Monsieur Mallarmé mochte ihn sehr.

*Donnerstag, 15. September*

Traurig nehmen wir unsere Arbeit wieder auf, vormittags malen wir nach Modell, danach am Flußufer.

*Donnerstag, 29. September*

Monsieur Renoir sagt, wir sollten Stilleben malen, um zu lernen, wie man schnell malt, er hat kürzlich ein paar wundervolle gemacht.

*Samstag, 1. Oktober*

Ich habe «Outremer» von Bourget begonnen; ich glaubte, daß mich das interessieren würde, aber ich werde es nicht beenden. Gern lese ich einige reizende, geistreiche, heitere Verse Théophile Gautiers in «Emaillen und Kameen» und das «Tagebuch» von Delacroix. Ich empfinde Sympathie für diesen großen Maler, mir gefällt sein Kopf, wie schön ist sein Selbstbildnis! Die Hygiene des Körpers und des Geistes beschäftigt ihn sehr, und mir scheint, er hat recht, wenn er es gut findet, ein Tagebuch zu schreiben. Ich erinnere mich, daß ich, als Maman mir Stellen aus diesem Tagebuch vorlas, mir vornahm, diese Seiten zu schreiben...

Eine hübsche Stelle in Eugène Delacroix' Tagebuch: «Die Kunst des Malers ist dem Herzen des Menschen deshalb vertrauter, weil sie greifbarer erscheint, denn bei ihr wird, wie in der Natur draußen, eindeutig dem Raum gegeben, was vollendet ist, gegenüber dem, was nicht vollendet ist, das heißt dem, was die Seele empfindet, was sie in den Dingen, die nur die Sinne ansprechen, innerlich bewegt.» Dann der folgende Satz, den ich im Zusammenhang mit der Malerei sehr richtig finde: «Diese Kunst steht ebenso wie die Musik über dem Begriffsvermögen: Ihre Überlegenheit über die Literatur fußt auf der Möglichkeit, das begrifflich nicht Faßbare wiederzugeben.»

*Sonntag, 2. Oktober*

Tagsüber arbeite ich an einem Stilleben mit Rebhühnern auf einer weißen Tischdecke, mit Pfirsichen dahinter, es ist nicht einfach. Da ich mir geschworen habe, zu arbeiten, fasse ich mir ein Herz und bitte Monsieur Renoir, der morgen abreist, zu kommen und mir Ratschläge zu geben. Er gibt mir eine ausgezeichnete Unterrichtsstunde. Er sagt folgendes: Wenn man ein Stilleben oder etwas anderes beginnt, muß man genau beobachten, in welcher Beziehung die Farben zueinander stehen, und eine ganz feine Skizze anfertigen, wobei man genau darauf achtet, was schwarz, grau und weiß ist. «Es gibt nur Schwarz und Weiß in der Malerei», sagt Monsieur Renoir. Dann fügt er hinzu, daß man dem Weiß seine Intensität durch die Bedeutung dessen geben muß, was sich rundherum befindet, und nicht indem man Weiß setzt. «Wie schön und einfach sind die Weißtöne in den Werken eines großen Meisters, weil er ihnen ihren Stellenwert zu geben versteht; sehen Sie sich die Weißschattierungen Tizians an, die Weißschattierungen Manets, die Weißtöne Corots.» Dieses in bezug auf meine Tischdecke, auf der ich keine lichte Stelle hervorgehoben habe; meine Rebhühner sind nicht schlicht, nicht flaumig genug; es fehlt ihnen an Farbe, weil zuviel davon da ist, sagt Monsieur Renoir und fügt hinzu, daß die Pfirsiche sehr gut seien. Er rät mir, morgen weiterzumachen, dann werde ich sehen, daß die Rebhühner auf der Tischdecke nicht zur Geltung kommen, wenn ich mich von der Leinwand entferne. Danach fährt er fort, vom Malen zu sprechen, er sagt, es sei sehr gut, Häuser genau zu malen, zu lernen, wie man das Weiß sonnenbeschienener Mauern wiedergibt. Endlich habe ich eine gute Lektion erhalten, und obwohl sehr froh darüber, bedauere ich, daß ich es nicht gewagt habe, Monsieur Renoir meine anderen Stilleben und meine Landschaften zu zeigen, zu denen ich ihn um seine Meinung bitten wollte. Paule und Jeannie scheinen mich lächerlich zu finden, und sie haben recht; sie sagen, was stimmt, daß diese Lektion über die Rebhühner alles mit einschließt, daß sie allgemeingültig ist.

*Donnerstag, 6. Oktober*

Den ganzen Vormittag in den Weinbergen der Brotels am Hang von Mellet zur Weinlese und zum Aquarellieren. Das Licht ist wundervoll über den dunstigen Hügeln hinter den goldfarbenen Rebflächen, entzückend sind die Gestalten darin und die zahllosen Bütten voll blauer Trauben. Wie schön, das zu malen. Die buntgekleideten jungen Mädchen in diesen Weinbergen vor dem Hintergrund von Essoyes gleichen einem italienischen Fresko. Schön ist der Oktober auf dem Land; man genießt ihn um so mehr, als man die letzten Wunder der Natur sieht, bevor man sich wieder in Paris verschanzt. Monsieur Mallarmé pflegte zu sagen, nun gehe der Vorhang auf.

*Freitag, 7. Oktober*

Fortwährend habe ich das Gefühl, daß wir bei unserer Rückkehr nach Paris Monsieur Mallarmé vorfinden werden, und ich kann es kaum ertragen, mir sagen zu müssen, daß wir ihn nie wiedersehen werden.

Geneviève schreibt noch immer sehr traurig. Ihr und ihrer Mutter geht es nur ganz allmählich besser. Treue Freunde besuchen sie ab und zu; unter ihnen Valéry, der offenbar sehr lieb zu ihnen ist. Ich erinnere mich, daß Monsieur Mallarmé letztes Jahr von ihm gesagt hat, er würde gern heiraten, und wir hatten an Jeannie gedacht. Da er ein Herzensjunge zu sein scheint, nicht zu sehr Literat, ich meine, intellektuell, denke ich, daß er für meine liebe Nini tatsächlich einen sehr netten Ehemann abgeben würde. Doch wie das arrangieren? Monsieur Mallarmé sagte, Valéry sei so ähnlich, wie er als junger Mann gewesen sei.

*Montag, 10. Oktober*

Geneviève schickt uns Artikel über ihren Vater; es sind sehr gute darunter. Interessanter erscheint mir die gewissenhafte und wahrheitsgetreue Studie Régniers, die in der «Revue de Paris» erschienen ist. Mauclairs Artikel wäre ganz in Ordnung, wenn er einige Ichs weggelassen hätte. Er sollte an Puvis de Chavannes' Gebot denken, daß man, was man geschrieben hat, noch einmal lesen und dabei die Ichs streichen sollte.

*Sonntag, 16. Oktober*

Der Aufruhr, der zur Zeit in Paris herrscht, ist beunruhigend, hoffentlich nimmt das keine schlimme Wendung; ich wünsche mir sehr, daß es bald vorüber sei. Wenn die Eisenbahn vollends streikt, wird es wahrscheinlich zu schrecklichen Unfällen kommen. Die Streiks und die endlose Dreyfus-Affäre verheißen nichts Gutes.

*Montag, 17. Oktober*

Yvonne Lerolle zeigt mir ihre Hochzeit mit Eugène Rouart [Bruder Ernest Rouarts, der Julie 1900 heiraten wird] an. Unsere Generation beginnt sich zu verehelichen, wir sind ja auch keine ganz jungen Mädchen mehr. Wie schnell die Jahre dahineilen! In zwei Monaten kommt wieder die traurige Zeit um den ersten Januar; und bald schreiben wir das Jahr 1900, das mir als Kind in so weiter Ferne erschien.

*Donnerstag, 20. Oktober*

Monsieur Renoir sagt, er finde, die richtige Malerei sei die mit Öl und nicht mit anderen Essenzen, und daß man diese nur für Sachen benutzt, die man schneller machen will. Ich versuche mich seit einem Monat in Öl, ich finde, das gibt mehr Konsistenz und bindet besser.

Monsieur Renoir ist mit Faivre, Durand-Ruels Sohn, Monsieur Bérard und E. in Holland, wie er mitteilte. Wir reisen so oft, daß es mir seltsam vorkommt, wenn jemand ohne uns abreist. Monsieur Mallarmé nannte uns im Scherz «die fliegende Schwadron». Ich glaube, ich habe hier in der Malerei ein wenig gelernt; oder täusche ich mich? Das will nicht besagen, daß ich schon etwas Gutes zustande bringe, doch halte ich meine jüngsten Stilleben für besser als die ersten. Zur Zeit bin ich guten Mutes.

*Am Montag, dem 24. Oktober, wird Julie dringend nach Valvins gerufen. Madame Mallarmé ist erkrankt, und Geneviève ist außer sich vor Sorge. Julie verbringt einige Tage bei den beiden Frauen, dann kehrt sie nach Paris zurück. Zum Glück war es keine schwere Krankheit, und Madame Mallarmé ist bald wieder hergestellt.*

*Mittwoch, 26. Oktober*

Geneviève erzählt uns sehr hübsch die Geschichte von Villiers de L'Isle-Adam, sein Ende und zuvor seine Heirat mit einer Frau, die nicht einmal schreiben konnte und von der er einen Sohn hatte. Wie schwer es Monsieur Mallarmé gefallen war, bei seinem Freund darauf zu dringen, daß er des Kindes wegen heiraten solle, wie traurig es ihn stimmte, als er diese Frau ein Kreuz unter den schönen Namen Villiers de l'Isle-Adam setzen sah.

In den Zeitungen stehen schlechte Nachrichten von Faschoda; eine gefährliche Krise, es wäre entsetzlich, wenn es zu einem Krieg mit den Engländern käme; ihre Marine ist so stark. Diese Vorstellung schmerzt mich.

Wir verbringen unsere Tage mit Nähen, sitzen plaudernd in dem roten Zimmer jenes Menschen, den wir gern darin sehen würden, sprechen von der Vergangenheit; zwischen den Andenken zu leben, ist noch das Tröstlichste, wenn man traurig ist. Geneviève erzählt mir, auf welch feinsinnige Art Maman eines Tages zu ihrem Vater gesagt hatte: «Raten Sie mal, was Renoir getan hat? Vier Jahre nach Jeans Geburt hat er ihn besucht»; und ich erinnere mich, daß sie hinzufügte: «Renoir wird noch überlegen, und in zehn Jahren wird er sich entschließen, eine Tochter zu bekommen.»

Wir erfahren, daß Puvis de Chavannes kurz nach seiner Frau gestorben ist. Ich sah ihn zum letztenmal auf der Ausstellung von Mamans Werken; er unterhielt sich kurz mit mir. Ich erinnere mich, daß er früher oft zu uns nach Hause kam, vor allem in Bougival. Als er eines Tages dort ankam, rief ich vor ihm aus: «Der Mann vom Land ist da!» So nannte ich ihn wegen seiner roten Gesichtsfarbe. Er schien sehr erstaunt, als er das hörte; Kinder sind schrecklich. Bis vor etwa zehn Jahren besuchte er uns auch in der Rue de Villejust. Damals erzählte er Maman, daß er nicht mehr zu Madame Pillaut zum Abendessen gehen wollte, die eines Tages, als er das Dienstmädchen um Brot bat, sich anmutig zu ihm hinneigte und sagte: «Krume, nicht wahr?»

Er schrieb Maman 1892 nach seiner Ausstellung bei Valadon einen hübschen Brief. Ganz früher unterhielt er eine Korrespondenz mit ihr, und ich besitze viele Briefe von ihm.

*Donnerstag, 27. Oktober*

Geneviève erzählt uns von Mauclairs leidenschaftlicher Liebe zu Mademoiselle Leblanc, wie sie ihn im Stich gelassen hat und wie der genannte Mauclair seine eigenen leidenschaftlichen Briefe bei Maeterlinck fand. Deshalb rächte er sich an ihr in «Le Soleil», mit Wortspielen, in denen hauptsächlich Monsieur Mallarmé zitiert wird.

Die Trauer hat jetzt in Geneviève Wurzeln geschlagen, es ist ein großer Jammer. Mit ihrem Vater hat sie zugleich ihren Freund verloren. Wir können uns mit diesem Tod nicht abfinden.

*Donnerstag, 3. November*

Besuch bei Tante Suzanne, dann bei den Renoirs, die wir nicht antreffen, und schließlich bei Monsieur Degas; er empfängt uns sehr freundlich in seinem Atelier, wo er gerade an einer kleinen Wachsform arbeitete, die eine nackte Frau darstellt. Wir sprechen über die arme Familie Mallarmé, dann über Monsieur Renoir, Jeanne Baudot, die, wie Monsieur Degas findet, auf so reizende Weise guten Tag sagt: «Ich bin ihrem Charme erlegen», sagte er, dann ruft er plötzlich aus: «Und wenn ich Mamselle Baudot heiraten würde? ... Wir wären ein komisches Gespann.» Monsieur Degas spricht nur noch vom Heiraten; was die Hochzeit Yvonne Lerolles mit Eugène Rouart anbelangt, erzählt er uns, daß er letzten Winter zu Ernest Rouart gesagt hatte: «Nun, du siehst diese jungen Mädchen da, welcher von ihnen soll ich deinen Antrag übermitteln? Ich versichere dir, daß man dich nicht abweisen wird; du bist nett, du hast Vermögen, du wirkst nicht wie ein Lebemann.» Ernest wollte darauf nie antworten, und wir verstehen jetzt, warum ihn bei unserem Anblick Grausen erfaßte. Monsieur Degas sagt, daß er sich um Ehemänner für uns kümmern will, er bietet uns Fauché an, der aber verheiratet ist, Faivre, und fragt, ob Jacques Drogue diesen Sommer keine Absichten kundgetan habe; nachdem er uns das großartige Bildnis Monsieur de Norvins von Ingres gezeigt hat, das er kürzlich erwarb, verabschieden wir uns; er sagt, er werde sich um uns kümmern.

Es hat uns großen Spaß gemacht, in dieser Weise mit dem charmanten geistvollen Mann, der sehr liebevoll zu uns war, zu scherzen und zu plaudern. An der Tür tätschelte er unsere Wangen und umarmte uns.

*Freitag, 4. November*

In Jeanne Baudots Atelier, wo wir Jeanne Clément antreffen, entzückend in ihrem grauen Kleid, einen grauen Hut mit zwei rosa Kamelien auf dem schwarzen Haar, und Monsieur Renoir, der verjüngt wirkt. Wir besuchen Madame Clément. Wir übermitteln Jeanne B. Monsieur Degas'

Heiratsantrag und Catherine [Dienstmädchen der Familie Baudot] meint, Monsieur Degas sei zu alt für Mademoiselle Jeanne.

*Montag, 14. November*

Nun bin ich schon bei der Zwei angekommen: zwanzig Jahre. Man bereitet mir in Bellevue, wo wir zusammen zu Mittag essen, eine sehr liebevolle Feier; alle Kinder empfangen mich mit einer Blume in der Hand und rufen: «Es lebe Julie»; dann wird an einem Tisch voller Blumen ein ausgezeichnetes Mittagessen serviert, zur Freude der fünf Kinder, die reizend sind, gibt es Champagner; mit ihren süßen Gesichtern sitzen sie rund um den Tisch, Maxime und Juliette vor allem mit ihren Blondköpfen; dann wird ein prachtvoller Kuchen hereingetragen, auf dem geschrieben steht: «Es lebe Julie, 14. November 1878.» Man ist wirklich ganz reizend zu mir.

*Mittwoch, 7. Dezember*

Wir nehmen Jeanne Baudot mit zu Monsieur Degas; für ihren Verehrer zieht sie das Eleganteste an, das sie besitzt; doch leider empfängt er sie im Dunkeln. Wir unterhalten uns ausführlich über den Brief Monsieur Bertrands, in dem er Piquart verteidigt. Monsieur Degas erzählt, daß die Rouarts die Anti-Dreyfus-Veranstaltungen besuchen, daß Ernest einen Dreyfus-Anhänger umgestoßen habe.

*Donnerstag, 22. Dezember*

Wir gehen zu Yvonne Lerolles Vertragssoiree, die bei Monsieur Degas stattfindet; am Eingang bietet Ernest mir den Arm, um mich zu Yvonne zu führen. Wir treffen viele Bekannte, und während gute Musik gemacht wird, entzükken die Corots das Auge. Yvonne sieht bezaubernd aus in ihrem weißen mit Silberpailletten besetzten Kleid, und ihr Bräutigam ist ganz reizend.

Zu meinem Erstaunen entdecke ich Valéry, und ich habe nur einen Gedanken: daß es uns gelingen möge, mit ihm zu sprechen, um ihn in Jeannies Nähe zu bringen, denn seit dem Tag, an dem Monsieur Mallarmé bei Jeannie von ihm sprach, nährte ich diesen Gedanken, zerbrach mir den Kopf, wie man mit ihm zusammentreffen könne; ich wollte letzthin mehrere Male etwas zu Geneviève sagen, aber ich sah sie nie allein. Vielleicht will es die Vorsehung, daß es heute abend eine Gelegenheit zum Handeln gibt. Ich beobachte ihn, verliere ihn zeitweise aus den Augen, dann unterhält er sich mit Monsieur Degas, der sich in unserer Nähe aufhält, dann steuert Paule, die offenbar den gleichen Gedanken hat wie ich, ohne daß wir darüber gesprochen haben, auf ihn zu und spricht mit ihm. Kurz darauf sehe ich Jeannie an Valérys Arm plaudernd zum Buffet schreiten. Freude durchzuckt mich, ich habe das Gefühl, daß diese erste Begegnung erfolgreich ist, daß sie eine Fortsetzung finden könnte. Diese Gedanken gehen mir durch den Kopf, als ich an Ernest Rouarts Arm Valéry und Jeannie folge, und ich frage mich, ob wir auf dieser reizenden Abendgesellschaft nicht jede am Arm des Mannes gehen, mit dem wir durchs ganze Leben gehen könnten ... Doch nichts ist so unsicher wie das.

Ja, Ernest hat mir gefallen, er legte seine Schüchternheit ein wenig ab, und da er dieselben Vorlieben hat wie ich, in den gleichen Kreisen lebt, einen reizenden Vater hat, könnte er durchaus derjenige sein, der mir zusagt. Ja, das ist der Gedanke, den dieser Abend in mir keimen ließ. «Ich habe Ihnen Ernest zugeführt», sagte Monsieur Degas zu mir, «jetzt ist es an Ihnen, den nächsten Schritt zu tun.» Mon-

Julie (rechts) mit Jeannie und Paule Gobillard (sitzend)

sieur Lerolle hört diesen Satz und macht ein neugieriges Gesicht. Monsieur Degas ist ganz reizend, Monsieur Renoir ist nicht in Form.

*Dienstag, 27. Dezember*

Yvonnes Hochzeit. Sie sieht entzückend aus in ihrem weißen Staat, mit dem blonden Haar, und Rouart sehr ansehnlich mit seinen Goldhaaren.

Die Sänger von Saint-Gervais erheben ihre Stimmen. Die Brautjungfern sind reizend, Christine ganz in Weiß unter ihrem großen Federhut, eine rosa Blume und eine kleine rosa Schärpe an ihrem Kleid.

Yvonne umarmt und küßt uns liebevoll in der Sakristei, wo wir Valéry treffen, der sich beim Lunch bei Madame Lerolle viel mit Paule und Jeannie unterhält. Ich selbst widme mich vor allem Ernest, zu dem ich Donnerstag nicht sehr liebenswürdig gewesen bin. Sein Vater ist wirklich reizend, er wirkt so gütig; während er mit mir spricht, hält er meine Hand. Eugène Rouart ist sehr fröhlich, er lädt uns sehr liebenswürdig nach Autun ein; Valéry ist einer seiner besten Freunde, er scheint sehr nett zu sein; Valéry sagt sonderbarerweise zu Ernest, der mit einem Kuchenteller unter seinem schönen Bart in einer Tür steht: «Sie sehen aus wie ein Stilleben.»

Ich beglückwünsche Monsieur Lerolle zu seinen Töchtern. «Ja, sie sind reizend», sagt er gerührt. Dann fügt er hinzu, er hoffe, bald an meiner Hochzeit teilzunehmen. Ich mache vermutlich ein so erstauntes Gesicht, daß er sagt: «Aber ich weiß nicht, mit wem.» Haben ihn Monsieur Degas' Worte von neulich abends auf die Idee gebracht, mir das zu sagen?

# 1899

*Ein trauriger Jahresbeginn · Krieg mit England? · Julie gedenkt ihrer Eltern · Skandal um ein Bild Onkel Édouards · Schloß Le Mesnil · Julie träumt von der Zukunft · Der Realismus · Auktion der Sammlung Desfossé · Ausstellung der nachgelassenen Bilder Sisleys · Die Sammlung Doria · Renoirs schlechter Gesundheitszustand · Der Präsident erregt den Zorn der Menge · «Hamlet» · Julies Gefühle für Ernest Rouart werden deutlicher · Auktion der Sammlung Choquet · Edgar Allan Poe · Das «Gefühl» in Malerei und Musik · Julies Gedanken über die Ehe · Renoir spricht vom Sozialismus · Wiederaufnahmeverfahren Dreyfus · Julie fragt sich, ob sie Ernest in Plaines sehen wird · Picknick in Moyeux · Dreyfus erneut verurteilt · Reise in den Süden · Julies einundzwanzigster Geburtstag · Sie denkt, daß sie Ernest gern heiraten würde · Böser Streit zwischen Degas und Renoir · Eine Geigenstunde · Julie erkrankt leicht · Besuch der Sammlung Alexis Rouart · «Iphigenie auf Tauris»*

*Sonntag, 1. Januar*

Regen, Schnee, Wind, scheußliches Wetter, Besuche, Abendessen bei Tante Edma. Das Jahr beginnt trist. Geneviève hat von Valéry, der im Kriegsministerium arbeitet, erfahren, daß wir gewiß mit England Krieg führen werden, und zwar sehr bald. Welche Vorstellung, es ist entsetzlich! Selbstverständlich war Faschoda nur ein Vorwand, um die Klingen zu kreuzen, und wenn dies nicht gelänge, würden die Engländer etwas anderes finden. Statt so viel von der Dreyfus-Affäre zu reden, sollte man sich mehr mit den Verteidigungsmitteln unseres Landes beschäftigen. Welch ein Unglück, wenn diese Teufel von Engländern uns den Krieg erklärten oder uns zwängen, ihn zu erklären, denn wir können es nicht zulassen, daß sie uns weiterhin demütigen. Man kann nicht glauben, daß es so weit kommt, und man wagt noch weniger denn je, etwas zu planen.

*Donnerstag, 12. Januar*

Vormittags ordnete ich Mamans Gemälde, die wir aus Platzmangel nicht aufhängen können und im Dienstbotenzimmer im sechsten Stock unterbringen. Welche Bewunderung erfaßte mich beim Anblick dieser herrlichen Farben, dieser schönen Zeichnungen! Mamans Werk ist kennzeichnend für sie, eine einmalige Frau, deren Zauber sich in allem rund um sie ausdrückte, in ihrer Malerei, in ihren Worten, in ihren Gesten, in ihrem Äußeren, in ihrer Zärtlichkeit... Ah, Maman, du lebst weiter in deinen Bildern; gleichwohl muß ich weinen, daß ich dich nicht mehr habe! Wie sehr wünschte ich mir, dich umarmen zu können, ich fühle mich manchmal so unglücklich, ich möchte mit Papa, mit Maman sprechen, es scheint mir, als würde ich sie gleich umarmen; und dann sage ich mir, «aber nein, das bleibt so mein Leben lang», und das Herz wird mir schwer.

*Samstag, 28. Januar*

Bei Monsieur Degas, um ihn zu bitten, etwas zu zeichnen, das mit Monsieur Mallarmés Dichtungen veröffentlicht wird: Aber natürlich weigert er sich, weil es Dreyfus-Anhänger sind, die sie veröffentlichen. Da ich seine Einstellung kenne, verstehe ich ihn ein wenig. Er zeigt uns das Stilleben von Delacroix, das er kürzlich gekauft hat, und Ingres' Selbstbildnis. Er trägt uns viele Grüße für Jeanne Baudot auf und sagt: «Alle Welt kennt mein Faible für sie.»

*Sonntag, 29. Januar*

Mit Jeanne besuchen wir die Sammlung Pellerin. Dieser Mann ist mir ein Rätsel, er hat keine Ahnung von Malerei, scheint aber die Werke meines Onkels Édouard sehr zu schätzen, denn er besitzt großartige Bilder von ihm: *Léon Leenhoff in Samt vor einem Tisch*, auf dem eine Menge wunderbar gemalter Sachen liegen, *Nana*, *Liegende junge Frau in spanischem Kostüm*, die ich nicht kannte und die herrlich ist, welch ein Gemälde! Dann *Le Skating*, *Die Bar*, *Der Künstler*, den ich weniger mag, eine *Nackte Frau*, von der Pellerin begeistert ist, in der Tat ein sehr schönes Bild, doch der Hintergrund ist in einem Schwarz, das mich befremdet, außerdem Skizzen, kleine Bilder, ein in seinem Realismus beeindruckender *Selbstmörder*, *Eva Gonzales beim Kämmen* und ein kleiner Spanier neben ihr, gemalt mit wenigen Pinselstrichen, reizende Pastelle und eine Skizze von Maman im Profil mit violettem Hut und Pelzmantel, die sie vollendet wiedergibt, eine Leinwand, die ich gern besitzen möchte. Wir sehen von Maman das Bildnis *Lucie Léon in Blau am Klavier*, dann *Maurecourt* und eine *Frau in Rosa auf einem Sofa* im Gegenlicht, in Pastell, mit erstaunlicher Lichtwirkung. Pellerin besitzt auch die hübsche *Frau, die ein Kind hält*, das seine ersten Schritte tut, von Monsieur Renoir sowie eine hübsche kleine Landschaft von Sisley, mehrere von Monet, darunter ein entzückendes Bild des Seine-Ufers.

Begeistert von dieser Sammlung, in der das Werk meines Onkels Édouard so hervorragend vertreten ist, kehren wir nach Hause zurück. Welch ein großer Maler, welcher Realismus auf seinen Bildern und wie er die Bewegungen einfängt! Diese schöne schlichte Malkunst geht mir nicht aus dem Kopf; übrigens ist Schlichtheit die erste Bedingung für Schönheit.

*Dienstag, 31. Januar*

Monsieur Renoir ist betrübt über den Tod Sisleys, der sein Jugendgefährte gewesen ist und dem er eine große Zuneigung bewahrt hat, obwohl er ihn seit dem Tod meines Onkels Édouard nicht mehr gesehen hat. Apropos Malerei: Monsieur Renoir sagt immer wieder, man solle nicht sehr lange arbeiten und sich oft ausruhen. «Madame Manet verstand es, wundervoll zu arbeiten», sagte er. Jeanne Baudot sagt, daß er ständig mit Bewunderung von Maman spreche und ganz besondere Worte für sie finde. Ich denke manchmal an den Satz, den Monsieur Renoir zu Monsieur Mallarmè gesagt hatte, als sie einmal an einem Donnerstagabend das Haus verließen und dieser von Mamans vielen Vorzügen sprach: «Eine andere Frau mit all diesen Gaben wäre vermutlich nicht zu ertragen.»

Wir verbringen einen guten Teil des Tages bei Monsieur Renoir. Welch hübsche Sachen hat er in seinem Salon! *Yvonne und Christine Lerolle am Klavier* ziehen jedesmal, wenn ich hinkomme, meine Blicke an.

Angoulvent, de Loute und Lahalle essen bei uns zu Abend, wir amüsieren uns, tanzen, springen, singen, benehmen uns kindisch.

*Montag, 6. Februar*

Wir besuchen Monsieur Renoir, der diese Woche in den Süden reisen soll, es ist so wie immer.

*Dienstag, 7. Februar*

Bei Tante Suzanne. Ich spreche mit ihr über das überarbeitete Bild bei Pellerin, damit sie mir die Genehmigung gibt, einen Prozeß anzustrengen, denn ich finde, es kann nicht angehen, daß ich die Werke meines Onkels [Édouard Manet] auf diese Weise verderben lasse; doch ich verlasse sie empört, es ist nichts zu machen, Tante Suzanne hat hinter dieses Bild geschrieben, daß sie es als ein Werk ihres Gatten anerkenne, obwohl sie erst zögerte, weil sie gemerkt hatte, daß einige Veränderungen daran vorgenommen worden waren. «Ich konnte nicht sagen, daß es nicht von meinem Mann stammt», sagte sie mit ihrer niederländischen Unbekümmertheit, «denn die Frauen waren von ihm.» Ich sagte ihr rundheraus, sie hätte nicht unterschreiben dürfen, ich errege mich ein wenig, ich glaube, sie findet, ich mische mich da in etwas, das mich nichts angeht, und sie ist sehr ruhig, sagt, das sei immer so bei Skizzen; es stimmt, sein eigener Bruder hat mehrere Gemälde von Onkel Édouard übermalt. Folgendes war geschehen: Diese durchtriebenen Bernheims hatten sich, um gedeckt zu sein, Tante Suzannes Unterschrift besorgt, ehe das Bild gänzlich übermalt wurde.

*Donnerstag, 9. Februar*

Gestern erfuhren wir vom Tode der bedauernswerten Tochter Madame Monets, Madame Butler, die seit mehreren Jahren gelähmt war. Ihre Beerdigung findet heute in Giverny statt; Paule und ich fahren hin; die arme Familie ist sehr betroffen, sie legte sich keine Rechenschaft darüber ab, wie schwer krank die junge Frau gewesen ist; Madame Monet hat eine Bronchitis, und Germaine ist entsetzlich nervös. Bei diesen armen Leuten folgt seit einiger Zeit ein trauriges Ereignis dem anderen. Um sieben Uhr morgens sind wir aufgebrochen, gegen fünf Uhr kehren wir zurück, finden zu Hause meinen Cousin Georges vor, der sich zu unserem Erstaunen in Paris aufhält, dann erhalten wir den Besuch Drogues und Valérys, den Geneviève uns angekündigt hat, nachdem Paule ihn gebeten hatte zu kommen, als wir ihm auf der Hochzeit Rouart-Lerolle begegneten.

*Freitag, 17. Februar*

Charlotte weckt uns heute morgen mit der Nachricht vom Tode Félix Faures; unglaublich, dieses plötzliche Ableben.

Edme ist gestern nach Deutschland abgereist, Tante Edma trägt den Abschied mit großer Fassung.

*Samstag, 18. Februar*

Nominierung des Präsidenten der Republik; ich dachte mir schon ein wenig, daß Cavaignac nominiert werden würde, obwohl ich Méline den Vorzug gegeben hätte, aber er zog sich nach unbegreiflichem Zögern zurück, so daß Loubet, der Kandidat der Dreyfusisten, alles einheimste. Es ist schrecklich, als Staatsoberhaupt einen Mann zu haben, der sich in Panama beschmutzt hat, und sich vorzustellen, daß die Armee einem Mann dienen und ihn schützen muß, der zu ihren Feinden zählt; er ist nicht Franzose, da er Dreyfus-Anhänger ist; dieses jüngste Ereignis, das die anderen weitertrauern läßt, empört und bekümmert mich für unser armes Land. Ich möchte ein Mann sein, um zu demonstrieren, zu schreien; es muß aufregend sein, Politik zu machen, aber schrecklich!

Loubets Empfang in Paris ist beängstigend; es heißt, wenn er zu seinem Wagen gehe, grün, den Hut ins Gesicht gezogen, den Blick auf die Wagenschläge geheftet, schreien die Leute «Panama, Rücktritt» und ballen die Fäuste. Kurz vor seiner Ankunft kamen wir am Bahnhof Saint-Lazare vorbei, es waren viele Leute da; wir waren mit Geneviève Mallarmé auf dem Weg ins Theater Sarah Bernhardt, um Verse ihres Vaters zu hören, die die große Schauspielerin selbst sprach. «Apparition» trug sie gut und mit sanfter Stimme vor, aber bei den «Ténèbres» stieß sie dieses für sie so typische Raubtierknurren aus, das ich hasse. Wir hörten auch schöne

Verse von Victor Hugo, Banville, Musset, «Die Mainacht», sehr hübsch zitiert von Sarah und von Max, der, während sie gut ist in ihrer Sanftheit und den knurrenden Panther mimt, den brüllenden Löwen spielt. Diese Poesiedarbietung ist viel weniger gut als die im Odéon letztes Jahr, es riecht so sehr nach Schminke, ist schrecklich theatralisch.

*Sonntag, 19. Februar*

Gestern abend wurde viel demonstriert; leider steht zu befürchten, daß die Leute zwei Tage lang schreien, sich dann beruhigen und Loubet Präsident bleiben wird.

Bei Tante Edma und hier wird intensiv Zeitung gelesen; aus Neugierde kaufen wir «L'Aurore», es ist ein schändliches Blatt, es dürfte nicht erlaubt sein, solche Greuel über die Armee zu schreiben.

Wir gehen in den Louvre; ich sehe mir die Primitiven an, danach, in der französischen Galerie, fällt uns auf, wie sehr Fragonards *Klavierstunde* in Komposition und Pinselstrich dem gleicht, was Maman machte; es ist gewiß eine Verwandtschaft vorhanden. Ein wenig genauer auch Delacroix' *Frauen von Algier* betrachtet, ein schönes Bild!

*Donnerstag, 23. Februar*

Zuerst stattet uns Madame Normant einen Besuch ab, dann zu unserer Überraschung Valéry, es ist sehr spaßig, sie zusammen über Politik sprechen zu hören. Madame Normant Dreyfusistin, Valéry Patriot. Beim Abschied sagt Madame Normant: «Nun, Monsieur, wir beide werden Frankreich regieren.» Valéry spricht zweieinhalb Stunden lang, und das ohne Pause, er ist sehr seltsam. Selbst an den amüsantesten Literaten findet er etwas Lächerliches. «Die Literatur, die Musik, die Malerei», sagt er «was ist das schon?» (Auch ich denke manchmal so, und es interessiert mich, eine so dezidierte Meinung zu hören.)

Valéry erzählt uns, wie er sein erstes Jahr in Paris verbrachte, wie er hochgemut umherspazierte, nicht mehr las, nicht mehr schrieb, nicht mehr sprach (hier äußert Jeannie ihr Erstaunen), all das mit einer merkwürdigen Naivität für einen Mann, der viel studiert hat; ohne Unterlaß scheinen Ideen aus ihm hervorzuströmen, wie das Wasser eines Flusses, er spricht leise, und bisweilen merkt man an seinen Betonungen, daß er aus dem Süden stammt.

*Freitag, 24. Februar*

In der Stadt war es abends ein wenig unruhig, aber natürlich bleibt es dabei, und die Dreyfus-Anhänger, die Juden, die Panamaanhänger und so weiter werden nach Belieben regieren können. Armes Land!

*Mittwoch, 1. März*

Vormittags mit Madame Simon, Madame Martin, Jeanne Baudot die Sammlung Dolfus besucht; viele schöne Sachen gesehen, die, wie so oft, von mittelmäßigen und sogar schlechten Bildern umgeben waren. Bemerkenswert vor allem einige Delacroix', die Kopie eines Rubens aus Brüssel, mehrere Corots, wundervolle italienische Landschaften und ein großartiges Frauenbildnis, einen Fisch von Manet, von Renoir eine glänzende Kopie der *Jüdischen Hochzeit*, außerdem noch andere, einen sehr schönen Männerkopf von Rubens. Primitive in Mengen, flämische und italienische; vor allem ein Filipo Lippi ist sehr hübsch, dann noch viele andere, die wir uns nur flüchtig ansehen und derentwegen wir ein weiteres Mal kommen sollten.

*Donnerstag, 9. März*

Wir bleiben ein Weilchen bei Madame Mallarmé, wo wir natürlich Bonniot und Valéry antreffen.

Wir feiern Mittfasten, indem wir bei Madame Baudot zu Abend essen, und danach versuchen wir, auf die Boulevards zu gehen und Konfetti zu werfen; doch es gelingt uns nicht, uns zu amüsieren, es ist zu pöbelhaft.

*Freitag, 10. März*

Zur Eröffnung einer Ausstellung junger Maler bei Durand-Ruel. Mir scheint, daß Denis der einzig wirklich interessante ist. Wir treffen viele Leute, Redon, Paules Verehrer, Chausson, die Lerolles, sogar Yvonne Rouart und ihren Mann, Ernest Rouart, Fauché und andere. Es gibt nichts Vergnüglicheres als solche ersten Ausstellungstage, an denen man alle interessanten Leute trifft, die man kennt.

*Samstag, 11. März*

Wir brechen bei dichtem Nebel nach Le Mesnil auf, Plessis (der Hausmeister) will, daß ich komme, um festzustellen, daß Ausbesserungsarbeiten vonnöten sind; das Haus ist aber noch keine Ruine, und ich bin überzeugt, daß ich Le Mesnil nicht verfallen vorfinden werde. Gegen Mittag löst sich der Nebel im warmen Sonnenschein auf, so daß wir vor dem Schlößchen, das viele Erinnerungen in mir wachruft, im Gras sitzen können; ich habe kaum darin gewohnt und dennoch ist es ein Erinnerungsstück. Ich denke an die Spaziergänge, die wir von Mézy aus nach Le Mesnil unternahmen, als Papa und Maman vorhatten, es zu erwerben; damals erschien es mir paradiesisch, hier zu leben. Und jetzt ist es für mich, merkwürdigerweise, keineswegs ein trauriges Andenken, sondern eine liebe Erinnerung, und ich möchte noch immer hier wohnen. Es ist ein entzückender, ganz besonderer Besitz, dieses niedrige kleine Schloß hinter den großen Kastanienbäumen der Terrasse, der alte Hof, das Taubenhaus, der Gemüsegarten, all das ist sehr französisch. Bei diesem herrlichen Wetter liegt ein solcher Zauber über dem Ganzen, daß man sich gern für eine Weile hierhin zum Nachdenken zurückziehen möchte.

Wie schön wäre es, Le Mesnil einzurichten, man könnte es so hübsch gestalten. Wann werde ich es bewohnen können? Vielleicht niemals. Man müßte als Familie hierherziehen, Freunde empfangen, verheiratet sein ...

*Sonntag, 19. März*

Im Louvre: Der neue Ingres, *Die Odaliske*, ist großartig, vollendet, die Rückenlinie dieser Frau und ihr Nacken sind von wunderbarer Schlichtheit, die Hand, die den Schirm hält, ist bezaubernd. Natürlich ist es töricht, so etwas zu bemerken, aber ich finde, daß manche Partien fast zu gut gemalt sind, der blaue Faltenwurf und die Gegenstände in der Ecke bei den Füßen.

*Montag, 10. April*

Bei Durand-Ruel, wo Renoirs ausgestellt sind. Es sind die aus der Privatsammlung der Durand-Ruels, außerdem *Die Loge*, kleine Köpfe mit Hüten, kleine Akte; eine Liegende, den Kopf in Halbton vor einer Draperie, gefällt mir außerordentlich. Wie gern würde ich sie besitzen.

*Freitag, 14. April*

Wir sehen uns mit den Baudots die Sammlung Michel Lévys an. Er besitzt das *Ladenschild des Kunsthändlers Gersaint* von Watteau, ein wundervolles Bild, herrlich ungezwungen in der Ausführung. Welche Leuchtkraft im Weiß des Hemdes einer Figur, die, über eine Kiste gebeugt, ein Bild auspackt, oder die Eleganz der in Rückenansicht dargestellten stehenden Dame im lila Kleid. Es gibt im Louvre keinen vergleichbaren Watteau.

Da sind noch andere kleine Bilder, außerdem Zeichnungen sowie Rötel- und Bleistiftzeichnungen von Boucher, Fragonard und anderen, ein hübscher Degas, eine bezaubernde kleine Figur von Corot, mehrere Stilleben von Chardin. Vorher waren da, wie es scheint, Corots, die sich zur Zeit bei Durand-Ruel befinden, einer davon, *Château-Thierry*, ist sehr hübsch.

*Samstag, 22. April*

Monsieur Renoir ißt mit uns zu Mittag; er ist recht fröhlich, sehr lieb, er sagt, er genieße es, zu Hause zu sein. Er ist ein charmanter Gesellschafter, erzählt, wie zu der Zeit, als Courbet die Mode lanciert hatte, Küchen und dergleichen zu malen, Corot gesagt hatte: «Das hindert mich nicht daran, ein paar kleine Götter in diese Landschaft zu setzen.»

Ich erzähle Monsieur Renoir, daß ich Pellerin getroffen habe, der mich aufforderte, seine neuen Manets anzusehen, die überhaupt nicht bekannt sind. «Nicht einmal Manet hat sie jemals gesehen, hätten Sie antworten müssen», sagt Monsieur Renoir.

Danach sprechen wir von Sisley, wie zurückgezogen er in den letzten Jahren in Moret gelebt hat, weil er glaubte, daß jedermann ihm böse sei. Wenn er Monsieur Renoir begegnete, mit dem er doch gelebt hatte, ging er auf die andere Straßenseite, um nicht mit ihm sprechen zu müssen. Er hat sich wohl sehr unglücklich gefühlt, und Monsieur Renoir erinnert mich daran, daß wir ihn, als ich mit Maman nach

Eugène Rouart, Bruder von Ernest

Valvins kam und wir Moret besuchten, ihn einmal trafen. Maman forderte ihn auf, sie in Valvins zu besuchen, er willigte ein, dann, nachdem er sich bereits verabschiedet hatte, lief er noch einmal zu ihr hin und sagte: «Hören Sie, nein, ich werde Sie nicht besuchen.»

Paule zeigt Monsieur Renoir ihr Bildnis von mir im roten Samtkleid, und ich zeige ihm das meine von Jeannie am Klavier mit Paule, die ihrem Spiel lauscht. Er gibt uns ein paar Ratschläge, ein paar Kleinigkeiten sollten wir noch einmal machen. Monsieur Renoir ist jemand, der einem Mut macht. Manche Partien findet er gut.

Wir verbringen einen ganz reizenden Tag mit Monsieur Renoir, der bis fünf Uhr bleibt. Es bereitet mir große Freude, ihn hier zu sehen, sein letzter Besuch ist so lange her.

Heute abend gehen wir mit Blanche in die «Walküre». Ich bin begeistert, überwältigt von dieser wunderbaren erregenden Musik, das Rittmotiv bewegt einen jedesmal, wenn es wiederkehrt, zutiefst.

Das rührt wahrscheinlich daher, weil ich von Wagner absolut nichts verstehe, ich finde, daß die Oper als Ganzes schlicht ist. Jedenfalls hat es mir großes Vergnügen bereitet, sie zu hören, mehr verlange ich ja nicht.

Dieser ganze Tag war wirklich sehr angenehm.

*Dienstag, 25. April*

Im Hôtel Desfossé die Bildersammlung besichtigt, die morgen verkauft wird. Da findet sich *Die Toilette* von Corot, die sehr hübsch ist, dann *Das Atelier*: eine kleine Figur in Grau mit einem Brief in der Hand, die ein Gemälde betrachtet, im Hintergrund das Atelier mit einem Öfchen, dessen Rohr wunderbar gemalt ist, ein bezauberndes Bild, dazu noch andere Corots, Delacroix' *Grablegung*, die großartig, ja herzzerreißend ist, dann einige Monets, sehr schöne Flußufer, ein hübscher Garten von Renoir, ein sonderbares Aquarell von Manet, nach den kleinen Kavalieren von Velázquez Courbets, darunter *Das Atelier*, das mir nicht besonders zusagt.

Wir treffen Monsieur Degas. Während ich aufmerksam den wunderbaren Delacroix betrachte, faßt er mich am Arm und sagt zu mir: «Ein junger Mann zum Heiraten.» Ich drehe mich um und erblicke Ernest Rouart, wir müssen beide lachen. Wenn das keine abschreckende Art ist, einander präsentiert zu werden!

*Donnerstag, 27. April*

Wir haben Geneviève einen großen Teil des Tages bei uns, worüber wir uns sehr freuen, später dann besucht uns zum erstenmal Madame Redon. Valéry erscheint, wie letzthin jeden Donnerstag, es ist ihm offenbar ein wenig peinlich, Geneviève hier anzutreffen, denn als er vor einigen Tagen vom Heiraten sprach, fragte sie ihn, ob er an eine «seiner drei kleinen Freundinnen» denke, worauf er «ja» antwortete. Jeannie scheint er zu gefallen. Wie sehr wünsche ich mir, daß sie zusammenkommen!

*Samstag, 29. April*

Ausstellung der Bilder, die in Sisleys Atelier zurückblieben und die mit anderen von den Künstlern gestifteten für seine Kinder verkauft werden sollen. Monsieur Monet, der das organisiert, hat mich um ein Gemälde von Maman gebeten; ich habe eine kleine Frau mit Strohhut im Profil gegeben, so wie sie es getan hätte, um den Kindern eines Künstlers, der lange mit ihr ausgestellt hat, unter die Arme zu greifen. Wir

Julie Manet am Fenster ihrer Wohnung in der Rue de Villejust

treffen Monsieur Monet, dann Germaine Hoschedé, und wir erspähen Madame Monet, deren Nervenzustand krankhaft zu sein scheint. Sie spricht mit mir nur über den Tod ihrer Tochter.

*Sonntag, 30. April*

Wir gehen zur Vernissage des Salons, wo wir Jacques Drogue antreffen. Er führt uns so rasch an allen Bildern vorbei, daß wir das seine nicht sehen, ja, daß wir überhaupt nichts sehen. Rodins *Eva* ist schön.

Wir treffen Mademoiselle Cassatt, die Baudots, Clément und Ernest Rouart, dessen Bild wir vergeblich suchen.

*Montag, 1. Mai*

Verkauf Sisley. Die Sisleys steigen beträchtlich, Monsieur Monet treibt sie in die Höhe, man merkt, daß ihm dieser Verkauf ein Anliegen ist und er sich mit Hingabe dafür einsetzt. Mamans Bild geht für 3200 Francs an Durand-Ruel.

*Samstag, 6. Mai*

Bei Petit die Zeichnungen der Sammlung Doria ansehen, es sind merkwürdige Blätter von Corot, Delacroix, Barye dabei. Wir treffen wieder die Familie Rouart. Ernest sieht gut aus, ich möchte ihn gern noch besser kennenlernen; ich wollte heute unbedingt mit ihm sprechen und dann habe ich es nicht gewagt, ich fürchtete, Paule würde sich über mich lustig machen, ich weiß nicht warum, denn sie hätte das sehr gut gefunden. Ich glaube, ich bin nicht besonders freundlich zu ihm, aber ich habe Angst, ihn zu langweilen. Ach, wenn ich ihm doch gefallen könnte! Ich werde ihn jetzt nicht mehr sehen!

*Sonntag, 7. Mai*

Wir gehen mit Tante Edma zu Jacques Blanche; seine Malerei ist sehr liebenswert und er auch. Er besitzt Monsieur Renoirs wunderbare *Badende*, ein vollkommenes Bild. Dann ebenfalls von ihm zwei Supraporten, gemalt für sein Haus in Dieppe, mit Tannhäusermotiven. Diejenige, auf der Venus nur mit einem goldenen Gürtel bekleidet ist und den schlafenden Tannhäuser hält, ist ganz wundervoll. Er besitzt auch ein kleines Aquarell, das Maman ihm einst geschenkt hat, dann ein Frauenbildnis meines Onkels Édouard, einen betenden Mönch, der gleichfalls sehr schön ist, aber weniger ergötzlich, sowie ganz erstaunliche Tänzerinnen von Monsieur Degas.

Bevor wir uns verabschiedeten, dachten wir, man solle Blanche bitten, uns seine eigenen Bilder zu zeigen, und tatsächlich konnten wir ihm zu seinen Stilleben aufrichtige Komplimente machen.

*Samstag, 20. Mai*

Bei Geneviève; sie hat für Montag zu einem Mittagessen daheim mit Valéry eingeladen. Sie ist entzückend in ihrer Art, wie sie diese Sache ernst nimmt; man merkt, sie wünscht sich genauso wie Paule und ich sehr, daß sie zustande kommt.

*Sonntag, 21. Mai*

Pfingsten. In der Acht-Uhr-Messe kommuniziert. Den Heiligen Geist angerufen. Es verdrießt mich, und dieser Verdruß wächst immer mehr, daß ich nicht gefirmt bin. In diesem kleinen Nest Mézy kam der Bischof nur alle drei Jahre, und das Schicksal wollte es, daß im Jahr meiner Erstkommunion und in dem, da ich sie erneuerte, der Bischof nicht gekommen ist. In Paris wollte ich meine Eltern nicht darum bitten, gefirmt zu werden. Jeden Tag denke ich daran, ich muß mit meinem Beichtvater darüber sprechen.

*Montag, 22. Mai*

Das Mittagessen mit Madame Mallarmé, Geneviève und Valéry ist sehr gelungen. Valéry raucht auf dem Balkon, und Jeannie plaudert allein mit ihm; er scheint sie geistreich zu finden, aus der Art zu schließen, wie er über das lacht, was sie sagt. Er erzählt sehr komisch von den de Hérédias, deren jüngste Tochter seinen Freund Pierre Louÿs heiraten wird. Dann gibt er Histörchen über diesen und jenen zum besten. Jeannie spielt höchst charmant Schumanns «Humoreske»; Valéry wagt offenbar nicht, ihr Komplimente zu machen, und Jeannie scheint darüber verärgert.

*Mittwoch, 24. Mai*

Wir erkundigen uns, ob der Ausgang am Montag Madame Mallarmé nicht zu sehr ermüdet hat; dann besuchen wir Monsieur Renoir, der nicht mehr so bekümmert ist wie letzthin; aber er hat sich trotzdem verändert. Er ist entschlossen, sich auf seine Weise zu behandeln, Stärkungsmittel zu nehmen, sich warm zu halten, statt sich von einer Diät, die ihm alles verbietet, schwächen zu lassen. Er arbeitet ein wenig in seinem Atelier, heute hat er eine hübsche kleine Frau im Hemd gemalt. Wir suchen auch Monsieur Degas auf.

*Montag, 5. Juni*

Aus den Zeitungen erfahren wir, daß Loubet gestern in Auteuil ausgebuht, mit Eiern beworfen wurde und einen Stockschlag erhielt; endlich hat sich das ganze Volk gegen diesen unwürdigen Vertreter des Staates erhoben. In den Dreyfus-freundlichen Zeitungen wie «Le Figaro» zum Beispiel steht, daß allein der Adel geschrien habe und daß es ein Komplott der Monarchisten gewesen sei. Zur Bestätigung dessen läßt die Regierung alle jene frei, die festgenommen wurden und nicht von Adel sind.

Präsident der Republik zu sein und sich von dem Volk, das man vertritt, beschimpfen zu lassen, muß ganz schön unangenehm sein; aber Loubet ist wie die Juden, seine Freunde: Er nimmt die Beleidigungen hin und wird niemals zurücktreten. Nicht eine Stunde nach seiner Wahl hätte er damit warten dürfen.

Jacques Cor hat die Liebenswürdigkeit, uns sowie Jeanne (die seit acht Tagen in Paris ist) und Blanche im Theater Sarah Bernhardt eine Loge für «Hamlet» anzubieten. Eine zweite hatte er für die Roudiers und für seine Schwester.

Wie groß ist unsere Überraschung, bei der Ankunft im Theater Yvonne Rouart zu sehen, die sich in einem Wagen erhebt und uns mit einem Sonnenschirm Zeichen macht; reizend sieht sie aus mit ihrem weißen Hut und einer weißen Bluse, sie ist in Begleitung ihrer Schwester und ihrer Mutter. In den Pausen treffen wir sie samt ihrem Gatten, der wirklich sehr lieb ist, sehr fröhlich; er lädt uns ein, sie in Autun zu besuchen. Er sagt uns, daß seine Brüder morgen bei Monsieur Degas mit uns zu Abend essen werden. Der jüngste, Louis, ist ebenfalls in «Hamlet», desgleichen die Lerolles.

In einer Loge in unserer Nähe sitzen die de Régniers, die de Hérédias und Louÿs. Wir verbringen einen bezaubernden Abend. Es geht nichts über Shakespeare, sublim, dieser «Hamlet»; alles findet sich in ihm vereint, Geist, Subtilität, Tragik, Philosophie, Ethik. Shoebs Übersetzung hört sich hervorragend an, man kann sich nicht vorstellen, daß das Stück auf Englisch kraftvoller und fesselnder sein könnte. Sarah Bernhardt in der Rolle des Hamlet ist viel besser, als ich angenommen hatte, und sie gefällt mir darin mehr als in «Phädra», das einzige Mal, daß ich sie gesehen hatte. Ich war darauf gefaßt, sie absolut lächerlich zu finden. Nun, sie ist es nicht. Ihre rauhe Stimme mißfällt zunächst, doch man gewöhnt sich daran. Ihre Bewegungen sind geschmeidig, sie hat eine tadellose Figur. Was ihr freilich zum Nachteil gereicht, sind die jämmerlichen Schauspielerinnen, die mit ihr auftreten; die Darstellerin der Gertrud gab der so herzzerreißenden Szene in ihrem Gemach mit ihrem Sohn durch ihr groteskes Schluchzen etwas leicht Lächerliches. Auch die Ophelia war nicht ganz nach meinem Geschmack. Dabei ist es eine so wundervolle Rolle; es gibt nur eine Ophelia. Wie schön ist dieser Dialog Hamlets mit dem Geist seines Vaters! Welch feinfühliger, femininer Mann, dieser Hamlet. Wie spaßig die Darstellung der fahrenden Schauspieler. Ist das Tun des Totengräbers nicht ein Abbild des Lebens, des wenigen, was man ist auf dieser Welt, ein Staubkorn? Ich glaube, kein Schriftsteller kann mich so begeistern wie Shakespeare.

*Dienstag, 6. Juni*

Wir können dem Wunsch nicht wiederstehen, Madame Mallarmé und Geneviève vor ihrer Abreise heute vormittag Lebewohl zu sagen. Wir erzählen ihnen von dem anregenden Abend. Um den vierzehnten sollen wir sie in Valvins besuchen, auch Valéry soll um diese Zeit zu ihnen kommen.

Abendessen bei Monsieur Degas. Wir treffen bei ihm zuerst nur Jeanne Baudot an, später gesellen sich Ernest und Louis Rouart dazu. Wir sehen uns die gesamte Sammlung

Post an, die wunderbare Zeichnungen von Forain enthält, und dann kommt auch Monsieur Degas.

Bald wechseln wir in das Speisezimmer hinüber. Monsieur Degas bietet Paule den Arm, Louis Jeannie und Ernest schwankt zwischen Jeanne und mir. «Dennoch», sagt er schließlich und kommt auf mich zu. Ich sitze bei Tisch neben ihm, und wir reden eine Menge. Er sagt, er sei am Saint-Ladre-Tag in Autun gewesen, wir hätten ihm also auf diesem Jahrmarkt begegnen können. Ich frage ihn, ob er jedes Jahr nach Autun zu seinem Bruder fahre, und er antwortet mir, daß er letztes Jahr zur Jagd dort gewesen sei und daß er sich dieses Jahr wieder hinbegeben werde; eben das wollte ich wissen. Wir sprechen von unserem Ferienhaus in Burgund in der Nähe der Clements, das wir für hundert Francs diesen Sommer gemietet haben, und anderes mehr. Das Abendessen verläuft sehr fröhlich. Ernest macht sich immer wieder nützlich, zuerst tranchiert er eine Hammelkeule, dann ein Hähnchen, und er bereitet den Kaffee. Monsieur Degas trinkt nach dem Essen seinen Lindenblütentee, besteht darauf, ihn mit Jeanne Baudot zu teilen, die ihm verspricht, ihm aus ihrem Garten Lindenblüten zu senden. Monsieur Degas spricht von ihrem gemeinsamen Hauswesen, doch es stellt sich heraus, daß sie Ente mag und kein Hühnchen, und er Hühnchen und keine Ente. Wir sagen ihnen, daß das niemals gutgehen werde.

Den ganzen Abend wird über die Affäre gesprochen. Die Rouarts sagen, Quesnay de Beurrepain spreche gut. Sie haben eine Sitzung besucht, in der es um den Freispruch Déroulèdes ging. Sie sind trefflich, diese patriotischen jungen Leute, alle sollten so sein wie sie, aber viele scheren sich leider wenig um Frankreich.

Bevor wir aufbrechen, steigen wir ins Museum hinab,

dort hält Ernest die Lampe, um die Bilder zu beleuchten: Er ist wirklich unbezahlbar; ich kann nicht umhin, ihm ein Kompliment über die Art zu machen, in der er sich ständig als hilfreich erweist. Er sieht sehr, sehr gut aus. Ich habe endlich mit ihm gesprochen, er ist überhaupt nicht mehr so schüchtern wie letztes Jahr, als wir ihn im Louvre trafen; und ich freue mich sehr, ihn näher kennengelernt zu haben, wirklich, er gefällt mir, ja! Auf der Rückfahrt im offenen Wagen denke ich darüber nach und gestehe mir ein, daß ich Ernest haben möchte.

*Montag, 19. Juni*

Bei Durand-Ruel, Ausstellung Puvis de Chavannes. Langweilig.

*Donnerstag, 22. Juni*

Das Ministerium Poincarés, seit den letzten zwölf Tagen in Umbildung begriffen, steht nun endlich mit Waldeck-Rousseau. Es war immerhin keine Kleinigkeit, ein Ministerium zusammenzustellen, um Dreyfus zu rehabilitieren, der bald unter großem Beifall eintreffen wird. Es ist widerlich, eine vaterlandsfeindliche Regierung zu haben. Sie tut so, als sei die Republik von der monarchistischen Partei bedroht, aber diese Orléans sind viel zu verschlafen, um etwas zu unternehmen; dabei ist es doch die Regierung, die die Republik angreift. Es gibt keine Freiheit mehr, man kann nicht mehr rufen: «Es lebe die Armee!»; man kann nur noch rufen: «Es lebe Loubet und es lebe Dreyfus.»

*Mittwoch, 28. Juni*

Paule und ich gehen noch einmal in den Salon. Ich hatte nicht wahrgenommen, daß alles so schlecht ist. Diese Malerei ist abscheulich; sobald ich einen Raum betrete, möchte ich sofort in den nächsten überwechseln, weil ich hoffe, dort etwas Besseres zu sehen. Schließlich finden wir Ernests *Der rote Hut*. Ein junges Mädchen in schwarzer taillierter Jacke und rotem Hut, das Köpfchen ist niedlich, doch der Hintergrund, wo man in einem Spiegel Passanten und Wagen erblickt, ist in der Zeichnung nicht stimmig, was Ernest wahrscheinlich erst gewahr wurde, als das Bild hing. Es ist nicht so gut wie seine Mantegna-Kopie. Die einzig wirklich hübsche Sache im Salon sind Maurice Denis' Entwürfe für den Wandschmuck im Collège in Le Vésinet. Die singenden Engel in ihren langen weißen Gewändern haben schöne Bewegungen, ebenso die Chorkinder, die das Weihrauchfaß schwingen oder Rosenblüten verstreuen. Die Landschaft mit den kleinen Rosenstöcken, den Bäumen, deren Formen sich vom Himmel abheben, ist sehr gut. Abendessen bei Madame Mayniel.

*Donnerstag, 29. Juni*

Bei Petit. Ausstellung der Sammlung Choquet, von der ich immer gehört hatte, die aber seit Choquets Tod nicht zugänglich gewesen ist. Mit erlesenem Geschmack hatte Choquet Gemälde, Möbel und Fayencen zusammengetragen, die für ihren eigentümlichen Besitzer einen wunderbaren Rahmen abgaben. Ein schönes Bildnis Choquets, gemalt von Monsieur Renoir, zeigt, welch besonderer Mensch er wohl war.

Er besaß sehr hübsche Cézannes; vor allem Stilleben, eines gefällt mir; dann einen Daumier, großartige Delacroix', *Ovid bei den Skythen*, eine herrliche Skizze, dann *Die Schlacht von Taillebourg*, die von Nancy, dazu eine Menge anderer Gemälde, entzückende kleine Skizzen, erlesene

Aquarelle und auch Zeichnungen. Von meinem Onkel Édouard *Monet malend in seinem Boot*, so naturgetreu, eine Straße, sehr schöne Blumen. Von Maman eine kleine Dame in Weiß, mit einem duftigen Häubchen, die sich in einem kleinen Handspiegel betrachtet; sie sitzt auf einem ebenfalls weißen Sofa vor einem weißen Musselinvorhang, durch den das Tageslicht sickert, das auf meisterliche Weise diese Symphonie in Weiß umspielt, wobei durch das Gegenlicht prachtvolle Grautöne entstehen. Mit wieviel Charme ist dieses schwierige Problem gelöst. Oh, Maman ist die einzige Malerin, die eine solche Vollkommenheit in ihren Werken erreicht hat. Außerdem ist von ihr ein sehr feines Seestück da, eine Mole, die in ein grünes Meer vorstößt, daneben ein zweites, das einen Kai zeigt. Von Pissarro ein Nebel, der mehr ist als Nebel. Von Monsieur Renoir eine *Moulin de la Galette*, eine *Frau an einem Froschweiher*, die *Seine bei Asnières*, ein Paddelboot auf gekräuseltem Wasser, sehr hübsch, die Klippe von Berneval und andere, dann das großartige Bildnis Choquets.

Diese Sammlung ist eine der schönsten, die ich je gesehen habe, und trotz der zahlreichen Meisterwerke unaufdringlich. Wir treffen Monsieur Degas, wir machen ihm Komplimente über sein Abendessen, er stimmt einen Lobgesang auf die Rouarts an. «Was diesen jungen Leuten in den Köpfen herumgeht, weiß man nicht», sagt er. Wir treffen Louis, dann Monsieur Renoir, Monsieur Monet, die Baudots, Jacques Blanche, Portier, Duret und Pissarro, den man überall sieht, und eine Menge anderer Leute. Um fünf Uhr kehren wir nach Hause zurück, da Valéry und Lahalle ihren Besuch angesagt haben.

*Ernest Rouart.* Bildnis Julie Manets beim Malen im Freien, vermutlich nach ihrer Verlobung, 1899, entstanden.

*Julie Manet*. Jeannie Gobillard und deren Tochter Agathe

*Julie Manet*. Kinder an einem Strand in der Bretagne.
Nach dem Tod ihrer Mutter verbrachte Julie den Sommer
mit Renoir und seiner Familie in Douarnenez.

*Freitag, 30. Juni*

Ich verbringe noch einmal den ganzen Tag in der Ausstellung Choquet. Ich habe Lust, eine kleine Skizze von Delacroix nach einem Rubensstich zu erwerben, wenn sie nicht über hundert Francs steigt. Mit Vergnügen sehe ich alle diese Wunderwerke wieder.

*Samstag, 1. Juli*

Versteigerung der Sammlung Choquet. Ich bin aufgeregt, wenn ich mir vorstelle, daß ich vielleicht einen Delacroix kaufe. Ich gehe mit Paule beizeiten in den Saal Petit und beauftrage Vollard, mir die Skizze zu ersteigern.

Wir verfolgen mit Fauché die Gebote und sehen von weitem Monsieur Degas, der sehr komisch wirkt, wenn er jedes Bild mit der Lupe aus der Nähe betrachtet. Neben ihm sitzen die Rouarts. Ich bin bewegt, als Mamans Bild verkauft wird, beruhige mich jedoch schnell, als ich sehe, daß es sofort auf 8000 Francs steigt, dann bei 10 100 Francs stehenbleibt. Ich freue mich, daß dieses Gemälde so hoch bewertet wird. Der *Kai* wird für 2700 Francs verkauft und die *Mole* für 1650, was nicht viel ist, aber am meisten bringen Bilder ein, die Figuren zeigen.

Die Renoirs gehen ziemlich hoch, der eine, der *Froschweiher* auf 20000 Francs, ebenfalls die Monets, die Cézannes dank Vollard, die Manets weniger, was mich wundert, der *Flieder* bleibt bei 4210 Francs stehen, *Die steigende Flut* bei 1451 Francs, die *Pflasterer der Rue de Berne* bei 15 500, *Monet in seinem Atelier* bei 10000, der *Pfingstrosenzweig* bei 1550 Francs. Von den Delacroix-Bildern wird fast nichts verkauft, die zwei teuersten sind *Die Schlacht von Taillebourg*, 7300 Francs, und *Die Schlacht von Nancy*, 6700 Francs. *Ovid bei den Skythen*, das ich so wundervoll fand, steigt nur auf

1800, ich rechnete damit, daß es mehrere tausend Francs bringen würde, und fast tut es mir leid, daß ich nicht gewagt habe, es zu steigern, das Bild wäre eine Torheit wert. Aber ich freue mich trotzdem, denn ich habe die kleine Skizze nach einem Rubens-Stich für 460 Francs bekommen. Nach der Versteigerung treten wir zu Monsieur Degas und den Rouarts. Ernest fragt mich sofort, ob ich etwas gekauft hätte, dann sprechen wir über die Preise, die bei dem Verkauf erzielt wurden, er sagt, er hätte gerne den *Ovid* erworben. Wir sehen uns *Die Schlacht von Nancy* an, die Monsieur Degas erstanden hat, samt dem Entwurf zu einem Wandbild, *Herakles befreit Hesione*. Wir unterhalten uns über das Bildnis Choquets von Monsieur Renoir, Ernest findet es sehr schön. Er ist heute sehr gesprächig, macht Scherze; als er *Die Schlacht von Nancy* trägt, schlägt er mir vor, sie mir zu schenken. Als wir den Saal Petit verlassen, bleibe ich hinter den anderen zurück, um mit ihm zu sprechen, wir verstehen uns wirklich sehr gut.

Monsieur Degas bietet uns an, zu ihm zu kommen; er nimmt uns mit den Delacroix-Bildern im Wagen mit, und wir trennen uns von den Rouarts. Es tue ihm leid, daß ihm das Bildnis Choquets, «das Portrait eines Verrückten für einen Verrückten», entgangen ist, sagt er, es gefalle ihm außerordentlich. Durand-Ruel hat es für nur 3500 Francs gekauft; aber Monsieur Degas befürchtet, daß Camondo es nimmt.

Zoé scheint sich nicht zu wundern, als sie Monsieur Degas mit Bildern ankommen sieht. «Da Monsieur mir gesagt hatte, daß er sich umziehen wolle, dachte ich mir schon, daß er Bilder mitbringen würde.» Wir betrachteten die Delacroix-Bilder; das aus der Sammlung Desfossé ist noch immer das eindrucksvollste.

Monsieur Degas ist lieb wie ein Engel, er spricht vom

Malen, dann sagt er unvermittelt: «Ich werde Ihnen die Farborgien zeigen, denen ich mich im Augenblick hingebe», und bittet uns in sein Atelier. Wir sind sehr gerührt, denn er zeigt nie, was er gerade macht. Er bringt drei Pastelle zum Vorschein, die Frauen in russischen Trachten mit Blumen im Haar, Perlenketten, weißen Hemden, bunten Röcken und roten Stiefeln darstellen; sie tanzen in einer Phantasielandschaft, die höchst realistisch ist. Die Bewegungen sind außergewöhnlich schön gezeichnet, und die Trachten haben herrliche Farben. Auf einem der Bilder werden sie von einer rosa Sonne erhellt, auf einem anderen wirken die Kleider greller und auf dem dritten ist der Himmel hell, die Sonne ist soeben hinter dem Hügel verschwunden, und sie zeigen gedämpfte Töne. Die verschiedenen Nuancen von Weiß auf dem Himmel sind wundervoll; er wirkt ganz natürlich; das letzte ist vielleicht das schönste von den dreien, das ansprechendste, man kann sich wirklich dafür begeistern.

Monsieur Degas fragt uns, welches unserer Meinung nach am besten wirkt, dann zeigt er uns noch Halbfiguren, Tänzerinnen, alles, was seine Bilderkäufe finanzieren soll.

Wir verabschieden uns um halb zehn Uhr, nachdem wir einen herrlichen Tag verbracht hatten; einen jener Tage, wie sie einem nur selten geschenkt werden. Er verabredet sich mit uns für Dienstag zum Verkauf der Zeichnungen; ich habe große Lust, wieder ein kleines Fest zu geben.

*Montag, 3. Juli*

Versteigerung der Sammlung Choquet. Wir treffen Monsieur Degas neben Alexis Rouart und Ernest sitzend an; dann die Fauchés, Madame Baudot und Jeanne, die außer sich ist, weil sie etwas kaufen will; eine nervöse Hand zupft mich jeden Augenblick, und Madame Baudot läßt ihrer

Tochter durch Paule irgendwelche unklaren Sätze übermitteln, denn wir sitzen zwischen ihnen; Jeanne läßt durch alle und jeden bieten, irrt sich in den Nummern, und wenn Monsieur Degas nicht die Freundlichkeit gehabt hätte, für sie ein großartiges Aquarell von Delacroix zu ersteigern, wäre sie mit leeren Händen weggegangen; es ist *Der Tod des Reiters*, der ihr für 260 Francs zugeschlagen wurde. Einige werden sehr teuer verkauft, besonders jene, die ich gern gehabt hätte. Ernest Rouart erwirbt eine hübsche Zeichnung für 72 Francs; aber es gibt nicht viele solcher Occasionen. Mamans Aquarell steigt auf 390 Francs, Cézannes Bildnis in Pastell von Monsieur Renoir auf 1500 Francs.

Ernest scheint von Jeanne Baudots Nervosität sehr belustigt und lacht viel. Er sitzt genau vor mir, den Kopf zur Seite gewandt, so daß ich ihn nach Herzenslust ansehen kann, und bisweilen gibt jeder ein Urteil von sich. Er gefällt mir, er sieht sehr gut aus. Ich werde jetzt keine Gelegenheit mehr haben, ihn zu treffen; ich kann nicht hoffen, daß er ausgerechnet an dem Tag in Autun sein wird, an dem wir Yvonne besuchen (wenn wir das überhaupt tun), obwohl er sagte, er werde in Burgund jagen.

Besonders komisch bei der Versteigerung Choquet waren die Erben, Leute von den Hallen, die nicht zu wissen schienen, wie man über einen Teppich geht; sie saßen auf einer Bank und notierten bei jedem Bild den Preis, weil sie Angst hatten, übervorteilt zu werden.

*Samstag, 8. Juli*

Wir speisen in Saint-Cloud zu Abend. Monsieur Renoir sieht sehr gesund aus und wirkt sehr elegant mit seinem weißen Hut auf dem Kopf. Wir essen mit Wyzewa, der charmant ist, seiner Frau, die reizend ist, mit den Fauchés und Vollard, der ständig irgendwelche Geschichten zum besten gibt und dabei alles in sich hineinstopft, was ihm in die Finger kommt. Wir müssen sehr lachen, als er erzählt, daß er bei der Versteigerung der Sammlung Choquet den Wandschrank der Königin Christine erworben hat und daß er, wenn er die Tür öffnet, das Rascheln der königlichen Seidenroben zu hören glaubt.

*Freitag, 21. Juli*

Wir gehen ins Musée du Luxembourg, um «Mademoiselle Olympia», wie die Bauern von Gennevilliers sie nannten, und den Bildern rund um sie her guten Tag zu sagen.

*Montag, 24. Juli*

Die ganze letzte Zeit habe ich die ungewöhnlichen Geschichten von Edgar Allan Poe, übersetzt von Baudelaire, gelesen, die Valéry uns geliehen hat. Sie sind sehr schön, sehr lebendig, man empfindet jedes Geschehen mit, außerdem sind die philosophischen Abschnitte sehr interessant; nichts fasziniert mich so wie diese Art Literatur, die zum Nachdenken anregt; ich liebe die Philosophie, die einem eine gewisse geistige Anstrengung abverlangt.

Sie sind wunderbar, diese schaurigen Geschichten wie «Der Mord in der Rue Morgue», «Die schwarze Katze» und «Das verräterische Herz», das einem Angst einjagt, einen schüttelt, dieser komische Satanskönig, der Goldkäfer, der mir sehr gefällt, und dieses Gespräch mit einer Mumie, die Erzählung über den Magnetismus, die endlosen Dialoge, wie der zwischen Monos und Una, der einen gefangen nimmt, träumen läßt . . .

*Donnerstag, 27. Juli*

Seit Dienstag sind wir bei den Baudots in Louveciennes. Wir unternehmen einen wunderbaren Spaziergang in den Wald von Marly und kehren über Mareil, ein bezauberndes Dorf, zurück. Von einer kleinen abwärtsführenden Straße aus erblickt man Saint-Germain, die Landschaft erinnert an den Süden.

Wir führen ein Gespräch über das Gefühl in der Kunst. Ich setzte Drogue in Erstaunen, als ich sage, daß für mich das Wort Gefühl der Ausdruck all dessen ist, was mir auf die Nerven geht, und Jeanne Baudot ist in diesem Punkt ganz meiner Meinung. Wir sind uns darin einig, daß in der Malerei ebenso wie in der Dichtkunst und in der Musik das Gefühl absolut lächerlich ist. Jeannie sagt, im Gegenteil, Poesie und Musik bedürften des Gefühls, Wagner sei erfüllt davon, und ich, die von Musik nicht das geringste versteht, mir scheint, man mindert Wagners Talent, sein Genie, wenn man bei ihm das Wort Gefühl verwendet; für mich ist seine Kunst Leidenschaft. Mir scheint, daß Gefühl die Kunst schmälert, sie soll ihr eigenes Gefühl in sich haben, ohne sich des Sentimentalen bedienen zu müssen, indem sie menschliche Empfindungen schildert. Gefühlsmusik ist, finde ich, die Musik dieses langweiligen Gounod; nun, ich kann darüber nichts sagen, aber in der Malerei, die ich besser kenne, obwohl ich weiß, daß ich vielleicht noch sehr unkundig auf diesem Gebiet bin, scheint mir, daß das, was man Gefühl nennt – das heißt das Lächeln auf den Lippen, die verdrehten Posen –, unannehmbar ist. Jeannie sieht bei Corot Gefühl, ich finde, es ist mehr, wenn auch nicht Leidenschaft, die gestehe ich eher meinem Onkel Édouard zu. Corot war ruhig, seine Malerei strahlt Liebe, Heiterkeit aus. Von einem großen Künstler zu sagen, daß er Gefühl besitze, heißt für mich, sein Talent herabzusetzen. Ich räume ein, daß der Maler ein ganz besonderes Gefühl für das Schöne hat und der talentierte Maler ein Gefühl der Liebe zu seiner Kunst; doch fügt man diesem Wort ein Adjektiv hinzu, so ändert sich seine Bedeutung und es wird ganz davon bestimmt. Mag sein, daß dieses Wort nur für mich einen sehr negativen Sinn hat, da es sich ja, wie Jeannie vermerkt, von Fühlen ableitet, und natürlich muß man fühlen können, um Künstler zu sein; doch es bildet auch das Wort gefühlvoll, und nichts ist ärgerlicher als das Gefühlvolle; da Gefühl so oft verwendet wird, um ein und dasselbe auszudrücken, besitzt es für mich eben diesen Sinn. Die meisten Leute, die sagen, es läge Gefühl in einem Gemälde, in einem Gedicht, in einer Musik, meint das öde Sentimentale und nicht das Gefühl, das der Künstler in seinen Pinselstrich gelegt hat, in den Klang zweier Verse, in eine Abfolge von Akkorden.

Spät abends setze ich mit Jeannie diese Diskussion fort und beharre mehr aus Widerspruchsgeist darauf, das Gefühl aus der Kunst zu bannen, denn im Grunde finde ich, daß es ohne ein gewisses Gefühl keine Kunst gibt; doch da man mich für sehr kalt hält, vertrete ich jedes Mal, wenn das Gespräch auf ein solches Thema kommt, diese Meinung. Man glaubt, daß ich keine Ahnung von Gefühlen hätte, auch nicht von der Liebe, daß es mir nichts ausmachen würde, eine alte Jungfer zu bleiben, daß ich im Gegenteil Horror vor der Ehe hätte, und so ist es nicht verwunderlich, daß dieser Eindruck entsteht; manchmal möchte ich mehr aus mir selbst herausgehen, aber dann denke ich, Paule und Jeannie würden daraus schließen, daß mir das Leben mit ihnen zusammen nicht gefällt, wenn ich auch nur das geringste von Heirat sagen würde; und dennoch: Ist es nicht natürlich, sich etwas zu wünschen, was sich alle Frauen wünschen?

Julie nach ihrer Hochzeit

Denn die Vorstellung, eine alte Jungfer zu bleiben, ist schrecklich; dabei durfte ich mich gar nicht beklagen, wenn das meine Zukunft wäre, denn ich habe eine Beschäftigung, die Malerei, die ich so sehr liebe, und ich habe auch die Mittel, mir einige Freuden zu leisten, Bilder zu erstehen ecetera, aber wieviel schöner wäre es, das, was man hat, zu verwenden, um eine Familie zu gründen. Ich bin auf jeden Fall bereit für die Ehe, und ich wünsche mir auch, daß meine Cousinen heiraten; wenn ich sie sagen höre, daß sie dafür geschaffen seien, wenn Jeannie von dem Glück spricht, geliebt zu werden, möchte ich ihnen am liebsten antworten, daß sie nicht die einzigen seien; aber ich spiele weiterhin die Kalte, die nichts versteht; ach, dabei glaube ich, sehr gut verstehen zu können, wie wundervoll es sein kann, sich geliebt zu fühlen, zu lieben, von einem Mann gestützt zu werden, dem man sich ganz und gar hingibt.

Vielleicht bin ich gegen die Ehe, weil ich die arrangierten Heiraten so schrecklich finde, bei denen zwei Menschen vereint werden, die sich nicht verstehen, die sich nicht kennen und die sich dann auch nicht vertragen. Mit der Scheidung hat die Ehe ihre Bedeutung verloren, was ich tief bedaure; für mich ist sie etwas Heiliges.

Derjenige, der mich solchermaßen träumen läßt, ich wage nicht, seinen Namen zu nennen . . .

*Freitag, 28. Juli*

Vormittags fahren wir mit Jeannie nach Saint Germain, die ganz versessen darauf ist, Maurice Denis zu besuchen, den wir bisher immer nur von fern erblickt haben, so daß es uns eigentlich nicht recht möglich scheint. Aber Paule geht in ein Einrahmungsgeschäft, um seine Adresse zu erfragen, und wir begeben uns zu seiner Haustür.

Heute verlassen wir die Baudots, um einige Zeit mit Monsieur Renoir zu verbringen, der Strohwitwer ist. Er sieht recht gut aus, und vielleicht geht es ihm ein wenig besser.

Monsieur Renoir sagt, daß man als Maler eine Menge dazulernen könne, wenn man Gemaltes häufiger betrachte als die Natur.

Er spricht vom Sozialismus, der soviel Unheil anrichtet. «Er hat dem Volk, dem Arbeiter, alles genommen, die Religion, die ihm ein großer Trost war, und ihm dafür fünfundzwanzig Centime am Tag mehr gegeben. Nicht dadurch, daß man den Arbeiter weniger Stunden arbeiten läßt, wird er glücklich, denn ein Mensch ohne Arbeit tut Böses, und der Arbeiter verbringt seine Freizeit in der Kneipe; nötig hingegen wäre, daß er weniger hart arbeitet. Früher fertigte der Arbeiter einen Stuhl auf seine Weise an, und es bereitete ihm Freude, jetzt gibt es nichts Interessantes mehr für ihn zu tun; heute macht einer die Beine, der andere die Stäbe, ein dritter setzt alles zusammen. Man will so schnell wie möglich arbeiten, um zu verdienen. Früher malte ein Maler mit Sorgfalt eine Heilige Jungfrau, die ihn in den Himmel versetzte; jetzt versetzt er seiner Jungfrau Schläge, damit sie eher fertig ist.»

*Samstag, 29. Juli*

Monsieur Renoir beginnt ein Bild von mir in meinem rosa Kleid und einem mit Apfelblüten geschmückten Hut im Garten.

*Montag, 31. Juli*

Monsieur Renoir arbeitet an meinem Bildnis, das sehr hübsch wird.

«Es ist nicht zu verstehen», sagt Monsieur Renoir, «daß gerade das Versteckte, das, was man erraten muß, den Zauber einer Sache ausmacht; sicher wären die Araberinnen, die nur ihre Augen zeigen und so bezaubernd wirken, viel weniger hübsch, wenn sie ihren Schleier ablegten.»

*Mittwoch, 2. August*

Jedermann fährt nach Paris. Arsène Alexandre, Vollard und der Neffe Monsieur Renoirs kommen zum Abendessen. Man spricht von Gustave Moreau; Arsène Alexandre, der aus Anlaß seines Todes einen überaus lobenden Artikel über ihn geschrieben hat, will ihn verteidigen, indem er sagt, daß das, was sich in seinem Haus befände, in nichts dem gleiche, was man im Luxembourg sehe. «Das ist Kunst für Juden», schloß Monsieur Renoir.

*Donnerstag, 3. August*

Mein Bildnis ist fertiggestellt, es ist bezaubernd, das Gesicht, die Haut unter dem Laubwerk ist wunderschön. Wenn Monsieur Renoir es zu Durand-Ruel geben möchte, werde ich alles daran setzen, es zu erstehen.

*Freitag, 4. August*

Monsieur Renoirs Gesundheitszustand wechselt täglich, manchmal scheint es ihm besser zu gehen, dann wiederum schwellen seine Füße, seine Hände an; diese Krankheit ist wirklich sehr aufreibend, und obwohl er nervös, erträgt er sie mit großer Geduld. Er ist heiter, sehr nett zu uns und hat immer etwas Interessantes zu erzählen. Welche Intelligenz! So wie in seiner Kunst sieht er auch in allen anderen Dingen klar und richtig. «Die Bildung», sagt er, «ist der Untergang des Volkes: Können Sie sich vorstellen, daß diese Leute nicht mehr an den lieben Gott glauben und daß es für sie nur noch die Wissenschaft gibt?» Der gleiche Gedanke findet sich bei Edgar Allan Poe, der sagt, die Wissenschaft sei der Untergang der Menschen. Monsieur Renoir lacht die Leute aus, die behaupten, man müsse anders malen als die alten Meister. Geoffroy hatte in einem Artikel über die Ausstellung zu Corots hundertstem Geburtstag als Schlußsatz geschrieben: «Kurzum, dies ist die Kunst der Vergangenheit, von nun an werden wir die Kunst der Zukunft sehen», womit er auf die Impressionisten anspielte. Daraufhin sagte ich zu Alexandre: «Sagen Sie doch in Ihrem Artikel, daß Corots Malerei die der Zukunft ist.»

*Montag, 7. August*

Heute beginnt der Dreyfus-Prozeß in Rennes. Endlich bekommen sie es, die Dreyfusisten, ihr Wiederaufnahmeverfahren, das unserem Land nur noch mehr schaden wird. Wie stark diese Juden sind!

*Mittwoch, 9. August*

Monsieur Renoirs älterer Bruder kommt zum Mittagessen; wir unterhalten uns über Aix. Monsieur Renoir hat nichts mehr im Sinn mit diesen Trinkkuren, an deren Wirkung er nicht glaubt; er fährt nur hin, damit man ihm nicht vorwerfe, daß er die Ratschläge nicht befolgt, die man ihm gibt. «Wenn mir eine Behandlung zu sehr auf die Nerven geht, überrede ich Gabrielle, sie über sich ergehen zu lassen», sagt er, denn er nimmt Gabrielle mit, Madame Renoir bleibt in Essoyes. Wir legen ihm ans Herz, auf sich zu achten, sich nicht zu sehr zu strapazieren, man hört oft, daß eine Kur mehr schaden könne als nützen, aber wenn es ihm Erleichterung für seine Hände und Füße bringen würde ... Es ist so schmerzlich, ihn morgens zu sehen, wenn ihm die Kraft fehlt, einen Türknauf zu drehen.

Er beendet ein Selbstportrait, das sehr hübsch ist. Zunächst hatte er sich darauf ein wenig hart und zu faltig dargestellt; wir haben von ihm verlangt, daß er ein paar Falten ausmerzt, und jetzt ist es ihm ähnlicher. «Ich meine, diese Kalbsaugen genügen», sagte er.

*Donnerstag, 10. August*

Wir fahren nach Versailles, um uns im Museum die Nattiers anzusehen; es sind sehr hübsche dabei, die Kleider sind schön; wir stoßen auf ein reizendes Bildnis Madame Sophies von Drouais. Danach besuchen wir Madeleine Matter, und, nach Paris zurückgekehrt, sehen wir Monsieur Renoir in einem kleinen Wagen hinter einem Dampfdreirad abfahren; er wirkt nicht sehr glücklich in diesem Vehikel, in dem er sich zusammen mit Monsieur Degas zu Durand-Ruel zum Abendessen begibt. Kaum daheim, schneit uns Vollard ins Haus; wir wagen nicht, ihn zum Abendessen zu bitten, und es muß komisch gewesen sein, uns drei beim Tête-à-tête mit Vollard zu beobachten. Monsieur Renoir kommt nachts um halb zwölf sehr fröhlich zurück, wir sind gezwungen, Vollard vor die Türe zu setzen.

*Samstag, den 12. August, sagen Julie und ihre Cousinen Renoir Lebewohl, der am nächsten Tag zu einer Kur nach Aix-les-Bains fährt. Sie verbringen eine Woche in Louveciennes bei Madame Baudot und Jeanne. Bei ihrer Rückkehr nach Paris ist die politische Lage aufgrund des zweiten Dreyfus-Prozesses äußerst gespannt, und Jules Guérin, einer der Köpfe der antijüdischen Extremisten, wird zusammen mit vierzig Mitgliedern der Liga der Patrioten in einem Haus an der Rue de Chabrol belagert.*

*Am 22. August reisen die drei Cousinen nach Valvins zu Madame Mallarmé und Geneviève und von da nach Givry, wo sie in der Nähe des Landguts des Generals und Madame Cléments eine kleine Villa gemietet hatten.*

*Samstag, 2. September*

Heute morgen durch eine Depesche von Yvonne Rouart geweckt, die uns einlädt, am Sonntag bei ihr in Plaines zu Mittag und zu Abend zu essen. Ich hatte ihr diese Woche geschrieben und sie gefragt, ob wir sie im Laufe des Monats besuchen könnten, und sie hat sofort geantwortet. Um morgen dort zu sein, müssen wir heute abend nach Autun fahren; dieser kleine Ausflug kommt uns gelegen. Morgen wird die Jagdsaison eröffnet: Ernest Rouart hatte zu mir gesagt, er würde nach Burgund zur Jagd fahren, vielleicht ist er in Plaines. Wir nehmen die Einladung an.

*Sonntag, 3. September*

Wir gehen in Autun ins Hochamt, dann bringt uns ein Wagen zum Gutshof von Plaines, das man nicht anders hätte benennen können, denn weite flache Ländereien umgeben das kleine Haus, das unmittelbar im Hof des Bauernguts steht, wo Kühe und Hühner umherlaufen. Yvonne empfängt uns ganz in Weiß; es ist sehr komisch, sie als Gutsherrin zu sehen. Ihr Mann und Ernest (denn er ist da) sind auf der Jagd. Wir gehen ihnen auf der Straße entgegen, dann gibt es Mittagessen. Eugène Rouart hat zwei Partner; ein sehr sonderbares Leben führt Yvonne da inmitten aller dieser Männer; im allgemeinen fehlt es an Männern, aber in Plaines ist das Gegenteil der Fall. Wir unterhalten uns über Monsieur Degas, Monsieur Renoir, Malerei, Literatur, Valéry, Mauclair; nach dem Essen musiziert Jeannie. Abends treffen wir uns wieder zum Essen. Eugène Rouart möchte gern Mademoiselle Baudot kennenlernen, von der er schon so viel gehört hat. Da Jeannie die Bekanntschaft Bonnards zu machen wünscht, sagt sie, sie werde ihm Jeanne B. vorstellen, wenn er ihr Bonnard vorstelle. Nach diesem schönen Tag brechen wir gegen zehn Uhr nach Autun auf.

*Montag, 4. September*

Um halb sieben Uhr aufgewacht; nach Autun, um einige Lebensmittel zu kaufen, die Yvonne für ein Picknick im Schloß Moyeux fehlen. Um neun holt Yvonne uns mit Ernest ab, Eugène konnte nicht kommen. Ernest kutschiert, ich steige neben ihm auf, «mit Leichtigkeit», sagt er zu mir, und wir fahren los. Wir nehmen eine Straße, die hinter Autun ansteigt und von der aus man einen wunderbaren Blick genießt, dann fahren wir in den Park von Moyeux mit seinen jahrhundertealten Bäumen und großen Teichen ein. Vor dem Schloß angelangt, sieht man die langgezogenen Silhouetten der Berge. «Eine Landschaft wie bei Poussin», sagt Ernest. Wir unterhalten uns über Malerei; er arbeitet nicht pleinair, darin ist er ganz und gar Monsieur Degas' Schüler.

*Sonntag, 10. September*

Dreyfus ist verurteilt. Zehn Jahre Zuchthaus. Zwei Mitglieder von sieben des Kriegsgerichts haben für seinen Freispruch gestimmt. Madame Clément hatte einem jungen Mann aus ihrem Freundeskreis geschrieben, ihr den Ausgang des Prozesses sofort telegraphisch mitzuteilen, wobei er im Falle eines Freispruchs Alphonse kabeln sollte und bei einer Verurteilung Charles. Heute morgen traf die Depesche ein: Charles, fünf gegen zwei.

Julie und ihre Freunde in Givry (Burgund) während eines Aufenthalts bei Jeanne Baudots Eltern. Von links: Julie, Jeannie und Paule Gobillard, Jeanne Baudot in Männerkleidern und ihre Cousine Jeanne Clément. Im Hintergrund: Jacques Drogue

*Montag, 11. September*

Die Dreyfus-freundlichen Zeitungen sind wütend. Clemenceau ist abscheulich. Gyp hat in «La Libre Parole» einen sehr komischen Artikel geschrieben und Cassagnac einen ernsthaften sehr guten in «L'Autorité».

*Am 19. September hebt die Regierung Waldeck-Rousseau das Urteil des Gerichts von Rennes gegen Dreyfus auf und begnadigt ihn (jedoch ohne ihn für unschuldig zu erklären und in die französische Armee wiederaufzunehmen, wie es seine Anhänger wollten; das geschieht*

*erst später). Am 20. September vermerkt Julie in ihrem Tagebuch, daß sie an* La Libre Parole *eine Geldspende von sechs Francs für die Rückführung der Juden nach Jerusalem sendet.*

*Von Givry brechen die drei Cousinen zu einer langen Reise in den Süden auf. In Lyon gehen sie an Bord eines Schiffes, mit dem sie die Rhône hinab bis Avignon fahren, wo sie am 12. Oktober eintreffen. Sie wohnen drei Tage im Hôtel Crillon, besichtigen den Palast der Päpste und alle anderen Sehenswürdigkeiten der Stadt, unternehmen Ausflüge in die Umgebung, auf denen sie malen und zeichnen.*

*Von dort reisen sie weiter nach Arles, Marseille, l'Estaque, an die Côte d'Azur (einschließlich Cimiez, wo Julie und ihre Eltern den ganzen Winter 1888/89 in der von ihnen gemieteten Villa Ratti verbracht hatten): Cagnes, Menton, Nizza, Grasse. Anschließend Aix-en-Provence, Nîmes, Clermont-Ferrand. Am 7. November schließlich Rückkehr nach Paris.*

*Dienstag, 10. Oktober*

Lyon, eine betriebsame Stadt. Gleich am Morgen holen wir Erkundigungen über das Schiff ein, das nach Avignon fährt. Über den Kais und der Rhône liegt Nebel. Danach besuchen wir meinen Onkel Octave, aber wir treffen nur seine Tochter Céline an, die uns frostig empfängt.

Den Rest des Vormittags im Museum verbracht, der Besuch lohnt sich. Mir fallen zwei Landschaften von Corot auf, von denen eine einen schönen Himmel besitzt. Mehrere recht sehenswerte Primitive der flämischen Schule; zwei Frauen von Tintoretto, eine davon sehr schön. Einige Veroneses; auf einem wahrscheinlich die Anbetung der Könige, ein orangefarben gekleideter Mann und daneben ein weißer Pferdekopf vor blauem Himmel, farblich sehr hübsch. Ein anderes, das, nehme ich an, den aus dem Wasser erretteten

Moses darstellt, ist in einem wundervollen Farbton gehalten. Eine kleine Tiziankopie von Delacroix. Einige Rubens, nicht sehr anziehende Jordaens'; dekorative Breughels, ein Terborch, ein paar eher langweilige de Champaignes. Eine kleine Studie nach einem Van Dyck von Ricard. Einige Van der Meulens, Jouvenets. Schöne Stilleben von Desportes, vor allem eines mit einem Hund, Fasanen, Enten, Aprikosen und violetten Pflaumen; auf einem anderen hübsche Pfirsiche und Äpfel. Ein Männerbildnis von Largillière. Im Treppenhaus *Der heilige Hain* von Puvis de Chavannes, trist, der Meereshintergrund auf der, wenn man abwärts geht, linken Wandseite ist gut. *Der Herbst*, von schöner Farbgebung, die Rückenlinie der Frau ist hübsch, es ist eine der wenigen Frauen von Puvis de Chavannes, die nicht aussieht wie ein Mann. Die Trauben- und Fruchtkörbe sind schön. Bildnis Madame Puvis de Chavannes.

*Dienstag, 14. November*

Heute einundzwanzig: Ich denke nicht darüber nach und bin in keiner Weise betrübt. Es scheint jedoch, daß bei jungen Mädchen diese zwei Zahlen im allgemeinen nicht sehr beliebt sind; aber Jeannie klagt an meiner Stelle über mein Alter, das genügt.

Ich begehe meine Volljährigkeit in Bellevue, wohin man uns reizenderweise zum Mittagessen eingeladen hat, um mein ehrwürdiges Alter zu feiern, man trinkt auf mein Wohl; die arme Madame Guastalla, die kürzlich am grauen Star operiert wurde und deren Profil, das jüdischer denn je wirkt, unter einem grünen Lampenschirm auftaucht, wünscht mir mehrere Male einen hübschen jungen Mann, denn häßlich wie sie ist, geht ihr Schönheit über alles. Nach diesem Wunsch schweifen meine Gedanken ab, und ich sehe

Ernest als hübschen jungen Mann vor mir. Ich zögere jetzt nicht mehr, vor mir selbst zuzugeben, daß ich ihn haben möchte. Ich habe das Gefühl, daß es vielleicht zwischen unseren äußerlich kühlen Charakteren eine Entsprechung gibt: Ich bin in Wirklichkeit leidenschaftlich. Als einmal jemand meine Handschrift analysierte, sagte er, ich besäße eine gezügelte Leidenschaft, und ich kann die Richtigkeit dieser Bemerkung beurteilen.

*Donnerstag, 16. November*

Verschiedene Besuche. Abends gehen wir zu den Lerolles, die uns eingeladen haben, damit wir Yvonne sehen, die sich im Augenblick in Paris aufhält. Wir freuen uns über das Wiedersehen mit dieser Familie. Wir treffen bei ihnen die Bernards und die Renoirs, Ernest Rouart, mit dem wir uns über den Süden und verschiedenes andere unterhalten. Er ist in der Tat angenehm. Ich hatte das unbestimmte Gefühl, daß wir ihn vielleicht sehen würden. Yvonne erzählt uns von dem Zerwürfnis zwischen Monsieur Degas und Monsieur Renoir. Es ist ärgerlich, die zwei Freunde zerstritten zu wissen. Monsieur Degas ist wirklich ein wenig zu weit gegangen, als er Monsieur Renoir einen unverschämten Brief schrieb, weil dieser ein Pastell von ihm verkaufte, und diesmal scheint es ernst zu sein; sie haben sich nämlich schon häufig gestritten, aber nie so schlimm. Wenn sie sich bei den Donnerstagabendessen bei uns zu Hause trafen, haben sie sich immer wieder versöhnt.

*Mittwoch, 29. November*

Wir besuchen Monsieur Degas, den wir wie immer in seinem dunklen Atelier antreffen, wo er nach dem Arbeiten ein wenig schläft. Wir reden ununterbrochen, damit er nichts über Monsieur Renoir sagt; er kommt nicht auf den Grund des Streits zu sprechen, was uns vermuten läßt, daß er seinen Brief vielleicht ein wenig bedauert. Er zeigt uns ein Kinderbildnis von sich, das ihm erstaunlich gleicht; dann einen Corot, *Die Brücke von Poissy*, eine seiner jüngsten Akquisitionen. Ein großartiges Gemälde.

*Freitag, 8. Dezember*

Es ist plötzlich sehr kalt geworden. Als ich Valentin Scheffer besuche und er einen Unfall beschreibt, der ihm zugestoßen ist, falle ich einfach in Ohnmacht. Man bringt mich in einer Kutsche nach Hause, dann verliere ich während zweier Stunden immer wieder das Bewußtsein, spüre Seltsames mit mir vorgehen, zum Beispiel kann ich meine Hand nicht bewegen, die Finger sind taub: Ich habe das Gefühl, daß ich verrückt werde, daß ich aus dem Hospital von Dr. Goudron de Rocs entwichen bin. Ich bin nicht in der Lage, einen Satz zu bilden, und ich kann die Bedeutung der Wörter nicht mehr begreifen, vergebens zermartere ich mein Gehirn, das sich anstrengt, ich glaube, daß ich mein ganzes Leben lang nicht mehr werde sprechen können, ich fühle mich sehr schlecht, leide vor allem an Kopfschmerzen. Paule und Jeannie meinen, daß ich an Blutandrang leide, und machen sich Sorgen; als ich wieder ein wenig zu mir komme, sehe ich Dr. Martin, Tante Edma und ihre Töchter in meinem Zimmer.

*Dienstag, 12. Dezember*

Zusammen mit Madame Renault und Berthe besuchen wir die Sammlung Monsieur Alexis Rouarts. Als wir den Salon betreten, erblicken wir Ernest, der uns die Bilder seines Onkels zeigt, darunter hübsche Degas, Tänzerinnen und

Hutmacherinnen; einige Corots, einen von der Kathedrale von Chartres, zwei Landschaften und eine reizende Gestalt; Blumen von Delacroix; Blätter in japanischem Stil und anderes mehr. Im Treppenhaus mit Jockeys, Café-Konzertsängerinnen und Tänzerinnen bemalte Teller von Monsieur Degas. Ich stehe lange mit Ernest davor, während die anderen in einen Raum weitergegangen sind, dessen Vitrinen Tanagrafigürchen und chinesische Vasen enthalten, Dinge, die mich sehr kalt lassen. Ich unterhalte mich also mit ihm, während wir diese wundervollen Teller betrachten, ohne zu merken, daß andere Leute heruntergekommen sind, und ich fühle mich wie verzaubert, wenn ich mit ihm über diese Malerei spreche, die wir beide lieben; da ich seine Vorlieben teile, glaube ich, daß ich einen guten Gedankenaustausch mit ihm haben könnte. Seine Sprechweise ist angenehm, und er ist durchaus liebenswürdig und freundlich. Freitag wird er mit Monsieur Degas in die «Iphigenie auf Tauris» gehen. Wir haben Drogue beauftragt, für eine der Vorstellungen Karten zu kaufen, doch ich fürchte, daß wir nicht am gleichen Tag wie Monsieur Degas und Ernest gehen werden, es wäre so schön, ihn dort zu treffen. Ganz und gar entzückt von Ernest komme ich heim, bin froh, ihn gesehen zu haben, bedaure lediglich, ihn nicht eingeladen zu haben, sich die Bilder anzusehen, die bei uns zu Hause hängen.

*Mittwoch, 13. Dezember*

Drogue schreibt uns, daß er für Freitag für «Iphigenie» eine Loge gemietet hat: Ich bin entzückt!

# *Epilog*

Ende 1899 unterbrach Julie ihr Tagebuch, wahrscheinlich weil sie sich verlobt hatte und zu sehr mit den Vorbereitungen für ihre Heirat mit Ernest beschäftigt war. Laut den Berichten der Familie war die Doppelhochzeit – Julie und Ernest Rouart, Jeannie Gobillard und Paul Valéry – sehr fröhlich, mit spaßigen Intermezzi. Die alten Gärtner und Dienstboten von Le Mesnil waren aus diesem Anlaß nach Paris eingeladen worden; da sie aber keine Ahnung von den Regeln der Etikette hatten, setzten sie sich sofort an die Hochzeitstafel und schickten sich an, noch vor der Trauung zu schmausen. Auch in der Kirche gab es ein kleines Durcheinander, denn das Personal von Le Mesnil saß auf den für die beiden Brautpaare reservierten Stühlen am Fuß des Altars. Nach dem Empfang reisten Julie und Ernest nach Saint-Valéry-en-Caux ab, einem kleinen Fischerhafen und Badeort zwischen Fécamp und Dieppe, den Jongkind und Isabey oft gemalt hatten. Im Jahr 1873 hatte Berthe Morisot ein Bildnis ihrer Schwester Edma auf den nahegelegenen Klippen von Petites Dalles gemalt. «Ein absolut düsterer Ort», sagte Julie über dieses Dorf, das Degas ihnen empfohlen hatte; dazu sei gesagt, daß dieser nur selten reiste und daß er das Land und das Meer gleichermaßen haßte. Die Valérys unternahmen ihre Hochzeitsreise nach Brüssel und Amsterdam. Um wieder ein wenig Kultur zu genießen, reisten Julie und Ernest ihnen nach kurzer Zeit nach, und sie improvisierten Flitterwochen zu viert. Doch sehr bald tat es ihnen leid, daß sie Paule allein in Paris zurückgelassen hatten, und sie luden sie schriftlich ein. Offenbar verliefen die Flitterwochen zu fünft aufs angenehmste, und sie kehrten ausgeruht

Julie mit ihrem ersten Sohn Julien

Ernest mit seinen drei Söhnen um 1916

zurück, glücklich, sich wieder ihren künstlerischen Tätigkeiten widmen zu können. Julie und Ernest bezogen eine Wohnung in der vierten Etage der Rue de Villejust, während Paule, Jeannie und ihr Ehemann im dritten Stockwerk blieben.

Später beschlossen die Rouarts, das Schloß Le Mesnil zu restaurieren und neu auszustatten. Julie und Ernest malten Fresken in den Salons des Erdgeschosses. In Le Mesnil zog

Julie Manet im Alter von achtzig Jahren in ihrer Wohnung

Julie ihre drei Söhne Julien, Clément und Denis auf, sie selbst lebte bis ans Ende ihrer Tage abwechselnd in dem Schloß und in der Rue de Villejust. Sie empfing weiterhin ihre alten Freunde, wie Jeanne Baudot, und gewann unter den zeitgenössischen jungen Künstlern und Dichtern neue Freunde. Ernest wurde zu Anfang des Ersten Weltkriegs zum Landheer eingezogen, doch nachdem er 1917 an der Front in einen Gasangriff geraten war, war seine Gesundheit stark angegriffen, und er blieb für den Rest seines Lebens mehr oder weniger arbeitsunfähig.

Ernest und Julie beteiligten sich an der Organisation vieler wichtiger Ausstellungen, besonders der, die 1932 zu Manets hundertstem Geburtstag in den Tuilerien stattfand, der Degas-Ausstellung im Museum der Orangerie 1937 und der großen Berthe-Morisot-Retrospektive 1941. Alle beiden malten unermüdlich und lebten ganz der Malkunst. Julie versuchte sich in neuen Techniken, und einer ihrer größten Erfolge war zweifellos eine Serie von Porzellantellern, die sie, bereits sehr alt, mit Insekten und Schmetterlingen bemalte. Ihr Patenkind Agathe Valéry-Rouart hat sie als eine ruhige ernste Frau in Erinnerung, die sehr langsam, aber mit großem Wissen über Kunst und Literatur sprach. Ihr Mann hingegen war von nervöser, hitziger Wesensart – ein echter Rouart. Nach seinem Tod im Jahre 1942 lebte Julie im Kreise ihrer Kinder und Enkelkinder weiter, bis sie im Jahr 1966 friedlich entschlief. Nach ihrer Heirat führte sie ihr Tagebuch weiter, aber es war nicht mehr der tägliche Bericht einer jungen Pariserin der neunziger Jahre; sie widmete sich verstärkt der Selbstbeobachtung, wurde eine tief fromme Katholikin.

Julie hat ein sehr schönes Leben gehabt und ist für die Wohltaten, die sie empfangen hatte, immer dankbar gewesen. Ihr Optimismus und ihre Herzlichkeit machen ihr Tagebuch zu einem höchst wertvollen Dokument. Ihre Aufzeichnungen vermitteln dem Leser ein sehr individuelles Bild vom Leben zahlreicher bekannter Persönlichkeiten, die im künstlerischen und literarischen Leben der Belle Epoque in Paris eine wichtige Rolle spielten. Julies drei Kindern, von denen zwei noch leben, ist es zu verdanken, daß dieses Dokument erhalten geblieben ist und daß wir nun das Vergnügen haben, Julie Manets Tagebuch wiederzuentdecken.

1 «La Correspondance de Berthe Morisot avec sa famille et ses amis», präsentiert von Denis Rouart, Paris, 1950, S. 122.

2 Ebd., S. 9 bis 10.

3 «Dans la lumière impressioniste» von Rosamund Bernier, «L'Oeil» Mai 1959, Paris, S. 40.

4 Zwischen den Schwestern Morisot und Eva Gonzalès scheint eine gewisse Rivalität bestanden zu haben, wie aus einem Brief Berthes an ihre Schwester Edma hervorgeht: «Ständig stellt mir Manet dieses Fräulein Gonzalès als Beispiel hin, ich kann es schon nicht mehr hören.» Und ihre Schwester antwortet: «Wenn ich an Fräulein Gonzalès denke, werde ich ärgerlich, ich weiß nicht warum. Ich glaube, daß Manet sie sehr überschätzt und daß wir oder vielmehr Du mehr Talent hast als sie.» «Correspondance de Berthe Morisot», bereits zitiert, S. 44.

5 «The Art of Manet» von Nathaniel Harris, London, 1982, S. 58.

6 «Manet raconté par lui-même» von E. Moreau-Nélaton, Laurens, Paris, 1926, Bd. I, S. 102 bis 103.

7 «Correspondance de Berthe Morisot», S. 99.

8 Der Vortrag über Villiers de l'Isle-Adam, 24. Februar 1890.

9 «La Vie de Stéphane Mallarmé» von Henri Mondor, Paris, 1946, S. 574.

10 «Correspondance de Berthe Morisot», S. 162.

11 Ebd., S. 169.

12 Ebd., S. 172.

13 siehe S. 67.

14 «Correspondance de Berthe Morisot», S. 122.

15 «Jeanne Baudot, Renoir, ses amis, ses modèles», Editions Littéraires de France, Paris, 1949, S. 77 bis 79.

16 «Modern French Painters» von Wilenski, Faber, London, S. 157.

17 «Pierre-Auguste Renoir, mon père» von Jean Renoir, Gallimard, 1981, S. 277.

18 «Monet at Giverny» von Claire Joyes, Andrew Forge, Jean-Marie Toulgouat und Robert Gordon, Mathews Dunbar, London, 1975, S. 15 bis 23.

19 «Degas: His Life, Times and Work» von Roy McMullen, Secker & Warburg, London, 1985, S. 445.

- Edme-Tiburce Morisot 1806–74 ⚭ Marie Cornélie Thomas 1819–76
  - Yves Morisot 1838–93 ⚭ Théodore Gobillard * 1833
    - Paule Gobillard 1867–1946
    - Marcel † 1921/2
    - Jeannie 1877–1970 ⚭ Paul Valéry 1871–1945
      - Claude Valéry * 1903
      - Agathe * 1906 ⚭ Paul Rouart 1906–72
      - François * 1916
  - Edma Morisot 1840–1921 ⚭ Adolphe Pontillon † 1894
    - Jeanne Pontillon † 1921
    - Blanche 1871–1941 ⚭ Pierre Forget
    - Edme * 1878

*Stammbaum der Familien Morisot und Manet*

Berthe Morisot
1841–95
⚭
Eugène Manet
1834–92

Tiburce Morisot
* 1848

**Julie Manet**
1878–1966
⚭
Ernest Rouart
1874–1942

Julien Rouart
* 1901
⚭
Thérèse Garrigues-France

Clément
* 1906
⚭
Victoria Rapin

Denis
1908–84
⚭
Annie Conan

Clément Manet
1764–1814

Auguste Manet ⚭ Eugènie Fournier
1796–1862

Edouard Manet
1832–83
⚭
Suzanne Leenhoff
1830–1906

Eugène
1834–92
⚭
Berthe Morisot
1841–95

**Julie Manet**

Gustave
1835–84

# *Namen, Orte und Ereignisse*

*Alexander II.*, Zar (1818–1881): hob 1861 die Leibeigenschaft auf und reformierte überkommene russische Gesetze. Von Nihilisten ermordet.

*Alexander III.*, Zar (1845–1894): Sohn Alexanders II., handelte 1892 das französisch-russische Militärbündnis aus. Die Franzosen benannten eine der großen Seine-Brücken in Paris nach ihm.

*Alexandre*, Arsène: Kunstkritiker und Anhänger Toulouse-Lautrecs.

*Angoulvent:* Die Familie war mit den Morisots und Manets befreundet. Monique Angoulvent schrieb die erste fundierte Berthe-Morisot-Biographie, die 1933 erschien. Den größten Teil des Materials dafür lieferte ihr Julie Manet.

*Anquetin*, Louis (1861–1932): Maler, der in den Anfängen seines Schaffens von Degas und den Japanern beeinflußt war und gegen sein Lebensende ein wortgewaltiger Gegner des Modernismus wurde.

*Astruc*, Zacharie (1833–1907): Dichter, Maler, Bildhauer, Kritiker und einer der ersten Sammler japanischer Kunst in Paris.

*Bartholomé*, Paul-Albert (1848–1928): Maler, der sich später der Bildhauerei zuwandte und einer der besten Freunde von Degas war.

*Bashkirtseff*, Marie (1860–1884): junge russische Malerin und Schriftstellerin. Sie stellte im *Salon* Werke im realistischen Stil aus, der sich an den Stil von Jules Bastien-Lepage anlehnte (mit dem sie eine Liebesbeziehung verband). Ihr «Tagebuch», in dem sie sich für die damalige Zeit sehr offen ausdrückte, wurde erst 1887 nach ihrem Tod – sie starb an Tuberkulose – veröffentlicht und von den zeitgenössischen Künstlern ausgiebig kommentiert.

*Baudot*, Jeanne (1887–1957): Tochter eines Arztes, wurde dank der Ratschläge Renoirs eine ausgezeichnete Malerin. Sie ließ sich in Louveciennes nieder und war eine enge Freundin Julie Manets, die sie im Schloß Le Mesnil häufig besuchte.

*Bellevue:* Gemeinde Meudon (Hauts-de-Seine). Ursprünglich das Areal eines 1748 von Jean Cailleteau, dem Baumeister Madame de Pompadours, erbauten Schlosses, das von Van Loo, Boucher und Coustou ausgeschmückt wurde. Während der Französischen

Revolution wurde es geplündert und unter der Restauration fast vollständig zerstört. Das Wohnviertel Bellevue entstand an der Stelle des früheren Parks.

*Blanche*, Jacques-Émile (1861–1941): Maler, Kritiker und Schriftsteller. Am bekanntesten sind seine Bildnisse, die er von Damen der Gesellschaft und literarischen Persönlichkeiten schuf.

*Bonnard*, Pierre (1867–1947): Maler von Interieurs und Aktbildern und kühner Kolorist, war neben Vuillard einer der wichtigsten Vertreter der Gruppe «Nabi».

*Bonniot*, Doktor: stammte aus Nantes und heiratete Geneviève Mallarmé, die Tochter des Dichters.

*Boissière*, Jean-Stanislas Jules (1863–1897): französischer Vizepräsident in Tonking und Annam, war einer der ersten Schriftsteller, der eine Studie über die Auswirkungen des Opiums in den Kolonien verfaßte. Sein Buch «Fumeurs d'opium» erschien 1896 bei Flammarion.

*Cassagnac*, Paul (1843–1904): Journalist und Politiker, war einer der Köpfe der kaiserfreundlichen Partei.

*Cassatt*, Mary (1844–1926): amerikanische Malerin, die in Paris lebte; gehörte der Gruppe der Impressionisten an und war die Freundin Degas'.

*Cézanne*, Paul (1839–1906): stellte mit den Impressionisten aus, ging jedoch künstlerisch andere Wege; sein Bemühen um Form, Fläche und Perspektive führte ihn sehr nahe an die abstrakte Kunst heran. Von den Jurys des offiziellen *Salons* mehrere Male abgelehnt, ging er ganz und gar in seinem Werk auf; er hatte ein ernstes Wesen und galt als schwierig. Er lebte meist einsam in Aix-en-Provence, aber Renoir, Berthe Morisot und andere befreundete Maler besuchten ihn von Zeit zu Zeit. Wirklichen Erfolg hatte Cézanne erst in seinen letzten Lebensjahren. Er gilt als einer der Wegbereiter der modernen Kunst.

*Chabrier*, Emmanuel (1841–1894): Komponist («Gwendoline», «Espana« usw.) und Freund Manets, Berthe Morisots, Verlaines und Faurés.

*Choquet*, Victor: Beamter in der Zolldirektion, war einer der ersten Sammler der Bilder Renoirs und Cézannes.

*Clemenceau*, Georges (1841–1929): Der große Staatsmann war den Impressionisten sehr verbunden und mit Monet bis zu dessen Tod eng befreundet.

*Closier*, Zoé: Degas' letzte Haushälterin; sie stand in dem Ruf, miserabel zu kochen. Sie beklagte sich stets, daß Monsieur Degas lieber sein Geld für Zeichnungen von Ingres ausgebe statt für seinen Haushalt. Doch sie war ihm treu ergeben, las ihm vor, kümmerte sich um alles und hielt lästige Besucher von ihm fern.

*Colonne-Konzerte:* musikalische Vereinigung, gegründet von Édouard Colonne (1838–1910), Geiger und Dirigent, der sich intensiv für die französischen Komponisten Berlioz, Bizet, Gounod und später Ravel und Debussy einsetzte.

*Corot*, Camille (1796–1875): berühmter Landschaftsmaler, gilt als der erste Freilichtmaler, obwohl die beiden Neoklassiker Michallon und Bertin seine Lehrer waren. Er unterstützte und beriet junge Künstler, darunter Pissarro und Berthe Morisot.

*Debussy*, Claude (1862–1918): Komponist, der mit zeitgenössischen Dichtern wie Baudelaire, Mallarmé und Maeterlinck zusammenarbeitete.

*Degas*, Edgar (eigtl. Gas, Edgar de; 1834–1917): Maler aus reichem, kultiviertem Milieu. Im Unterschied zu seinen Impressionistenfreunden malte er nicht die Natur, sondern holte sich seine Inspirationen im Theater (vor allem im Ballett-Theater), bei Pferderennen und in der Portraitkunst. Fasziniert von der neuen Kunst der Photographie, hielt er mit seinem Apparat Gegenstände fest, die er später in seine Kompositionen einarbeitete. Degas' Werk stand dem der naturalistischen Schriftsteller, insbesondere Zola, sehr nahe. Obwohl ein großer Maler, hatte Degas wenig Einfluß auf seine Zeitgenossen und auf die späteren Künstler. Von den revolutionären Neuerungen in der Kunst des ausgehenden 19. Jahrhunderts blieb er mehr oder weniger unberührt.

*Delacroix*, Eugène (1799–1863): Maler, wichtigster Repräsentant der romantischen Schule. Durch seine gewagte Farbgebung und den pastosen Farbauftrag, seine exotischen Motive, seine Leidenschaft für Licht und Bewegung beeinflußte er die Impressionisten. Sein Tagebuch ist ein wahrhaft literarisches Werk und wurde kürzlich in Frankreich wieder aufgelegt.

*Delaunay*, Elie (1828–1891): Maler und Professor an der École des Beaux-Arts, vor allem bekannt durch seine Wandbilder, besonders in der Oper.

*Denis*, Maurice (1870–1943): großer symbolistischer und religiöser Künstler, Freund Gauguins und Sérusiers, Mitbegründer der Künstlergruppe «Nabi». Zahlreiche theoretische Schriften über die Kunst.

*Desbordes-Valmore*, Marceline (1785–1859): Literatin, vor allem bekannt durch ihre sensible elegische Lyrik.

*Dreyfus-Affäre:* Der Hauptmann Alfred Dreyfus (1859–1935), Berufsoffizier, Elsässer und jüdischer Abstammung, wurde angeklagt, weil er angeblich Militärgeheimnisse an das Deutsche Reich verraten hatte. 1894 vor das Militärgericht gestellt, wurde er zu lebenslänglicher Deportation auf die Teufelsinsel (Guayana) verurteilt. Nach einer vehementen Kampagne für die Wiederaufnahme des Verfahrens wurde er 1899 zum zweitenmal verurteilt, doch die Strafe wurde auf zehn Jahre reduziert. Einige Monate später nahm Dreyfus die Begnadigung an, die Präsident Émile Loubet ihm gewährte. Doch erst 1906, als der Antisemitismus ein wenig abgeflaut war, wurde das Urteil aufgehoben. Dreyfus wurde rehabilitiert und wieder in die Armee aufgenommen. Der Fall Dreyfus hatte Frankreich in zwei gegnerische Lager gespalten, und die Historiker sind sich einig, daß die Affäre in der französischen Gesellschaft tiefe Veränderungen bewirkt hat.

*Drogue*, Jacques: In Julie Manets Tagebuch begegnet man häufig seinem Namen, doch man weiß sehr wenig über ihn, außer daß er ein amüsanter Freund gewesen sein muß.

*Duran*, Carolus (sein richtiger Name Charles Durand, 1837–1917): Maler, beeinflußt von der spanischen Kunst, insbesondere von Velázquez, bewunderte aber auch Courbet. Repräsentant der akademischen Malerei und Portraitist der mondänen Gesellschaft.

*Durand-Ruel:* Galerie, ursprünglich kleines Papierwarengeschäft am linken Seine-Ufer in Paris, entwickelte sich zu einer renommierten Kunstgalerie in der Rue de la Paix, wo Delacroix, Corot, Daumier und die Maler der Schule von Barbizon ausgestellt wurden. Paul Durand-Ruel, Sohn des Gründers, übernahm 1865 das Unternehmen und zog in größere Räume an der Ecke Rue Laffitte und Rue Le Pelletier (nahe der neuen Oper, Palais Garnier). Wegen des französisch-deutschen Kriegs 1870 verlagerte Durand-Ruel seine Bilder nach London, wo er sich in der

New Bond Street Nr. 168 niederließ, und machte nicht nur Manet und Degas bekannt, sondern auch Monet und Pissarro, die damals beide im Exil in London lebten. Um 1890 hatte Durand-Ruel bereits die meisten großen Impressionisten ausgestellt, und es war daher ganz natürlich, daß für die Berthe-Morisot-Retrospektive 1896 die Wahl auf ihn fiel.

*Duret*, Théodore: reicher Cognac-Händler, machte seinen Weg in der Meinungspresse (er war Republikaner) und in der Kunstkritik. Er wurde zum Fürsprecher der Avantgarde, insbesondere mit einer Broschüre unter dem Titel «Les Peintres impressionnistes». Seine Gemäldesammlung enthielt Werke aller großen zeitgenössischen Künstler. Sie wurde 1894 aufgelöst.

*d'Espagnat*, Georges (1870–1950): Maler, Professor an der École des Beaux-Arts, war eines der Gründungsmitglieder des Herbstsalons. Unter anderem portraitierte er Paul Valéry.

*Faschoda-Krise:* Sie wurde 1898 ausgelöst, als das Expeditionscorps Lord Kitcheners auf dem Weg nilaufwärts, um die Kräfte des Mahdi zu zerschlagen (Sieg von Omdourman) und die Verbindung vom Kap nach Kairo herzustellen, auf die Truppe des Hauptmanns Marchand traf, der, vom Kongo kommend, für Frankreich die Verbindung Dakar–Dschibouti herzustellen versuchte. Nachdem Außenminister Delcassé sich zunächst geweigert hatte, Faschoda zu räumen, mußte er sich einem Ultimatum beugen. Marchand erhielt den Befehl, die Stadt aufzugeben, und Frankreich war gezwungen, zugunsten Englands auf das obere Niltal zu verzichten. Dieser Zwischenfall beeinträchtigte die französisch-englischen Beziehungen erheblich: Faschoda wurde 1904 in Kodok umbenannt.

*Faivre*, Abel (1867–1945): Maler, bekannter jedoch als Karikaturist; er hatte anfänglich mit Renoir gearbeitet. Seine Zeichnungen in Zeitschriften wie «L'Assiette au beurre» und «Le Rire» und in den Zeitungen wie «L'Echo de Paris» machten ihn berühmt.

*Fantin-Latour*, Henri (1836–1904): Maler von Interieurs, Freund und Verteidiger Manets; seine Stilleben und vor allem seine Blumenbilder werden auch heute noch geschätzt. Als Musikliebhaber, der er war, setzte er «Tannhäuser» und «Rheingold» in Malerei um.

*Fargue*, Léon-Paul (1876–1947): Dichter, Schüler Mallarmés; Freund André Gides und Paul Valérys, mit dem er die Zeitschrift «Commerce» gründete.

*Faure*, Félix (1841–1899): reicher Kaufmann aus Le Havre, wurde nach einer langen politischen Karriere 1895 zum Präsidenten der Republik gewählt. Den wesentlichen Teil ihres Tagebuchs schrieb Julie Manet während seiner Amtszeit.

*Forain*, Jean-Louis (1852–1931): Maler und Kupferstecher, Schüler Gérômes, stand vor allem unter dem Einfluß Degas', Daumiers, Manets und Toulouse-Lautrecs. Seine politischen Karikaturen waren sehr witzig.

*Fontainebleau*, Wald von, *Barbizon:* Dort malten in den Jahren 1850 und 1860 Corot und seine Schüler im Freien. Nach dem Dorf Barbizon ist die Schule der Landschaftsmaler benannt, zu der Théodore Rousseau, François Daubigny und Diaz de la Peña gehörten. Diese Künstler beeinflußten unmittelbar die Impressionisten.

*Français*, das (Théâtre-Français oder Comédie-Française): gegründet 1680 auf Anweisung Ludwigs XIV. Aufgelöst während der Französischen Revolution, wieder eröffnet 1804 im Palais Royal, wo es sich auch heute noch befindet. Als nationales Theater hat die Comédie-Française den Auftrag, das Erbe der dramatischen Literatur in französischer Sprache zu bewahren und das Repertoire zu erweitern.

*Fuller*, Loïe (1862–1928): amerikanische Tänzerin in den Folies Bergère, die von Toulouse-Lautrec und Forain gemalt wurde.

*Gallimard*, Paul: Pariser Impresario, Eigentümer des Théâtre des Variétés. Er besaß eine umfangreiche Sammlung von Renoir-Bildern. Sein Sohn Gaston gründete das berühmte Verlagshaus.

*Gambetta*, Léon (1838–1928): Rechtsanwalt und linksgerichteter Politiker, Gegner Mac-Mahons. 1875 versuchte er, zu einem Abkommen mit den Zentrumsparteien zu kommen, und gründete seine eigene Partei, die Republikanische Union. Seine Tätigkeit gipfelte in der Abstimmung für die Verfassung der dritten Republik.

*Gauguin*, Paul (1848–1903): lebte als Kind einige Jahre in Peru, trat nach seinem Studium in die Marine ein, arbeitete danach erfolgreich bei einem Börsenmakler. Im Jahr 1883 bewog ihn eine schwere finanzielle und seelische Krise, sich der Malerei zu widmen. Er verließ Frau und Kinder, um zu reisen, zunächst in die Bretagne (Pont-Aven), dann zu fernen Inseln; er lebte auf Martinique, Tahiti und schließlich auf den Marquesas-Inseln, wo er vereinsamt und im Elend starb.

*Geoffroy*, Gustave (1855–1926): eifriger Kunstkritiker und Romancier im Geiste des Realismus. Als Administrator der staatlichen Gobelin-Manufaktur führte er die Verwendung synthetischer Farbstoffe ein.

*Giverny:* Monets Landhaus an der Seine, das er 1880 erwarb. Dort brachte er seine letzten Lebensjahre zu. Der wundervolle Garten inspirierte ihn zu seinen Seerosenbildern. Seit das Haus restauriert wurde und die Gärten wieder instandgesetzt sind, ist Giverny eine beliebte Touristenattraktion.

*Glatigny*, Albert (1839–1873): nacheinander Schauspieler, Journalist, Dramatiker und Dichter. Seine Dichtungen sind amüsantes Gaukelwerk, voller Satire und Spontaneität.

*Gonzalès*, Eva (1849–1883): Malerin, Manets Schülerin. Sie stellte von 1770 bis 1883 in den *Salons* aus. 1879 heiratete sie den Kupferstecher Henri Guérard und starb im Alter von dreiunddreißig Jahren im Kindbett.

*Goupil*, Adolphe: Kunstsammler und -händler. Sein 1827 gegründetes Unternehmen umfaßte drei Galerien im Herzen von Paris und Zweigstellen in New York, London, Berlin, Brüssel, Den Haag und Wien. Vincent van Gogh arbeitete einige Zeit für ihn, und Vincents Bruder Théo wurde 1878 einer seiner Direktoren. 1885 erhielt die Firma den Namen Boussod et Valadon. Als Théo van Gogh 1891 starb, wurde Maurice Joyant sein Nachfolger.

*Haviland*, Charles de: Besitzer einer bekannten Porzellanmanufaktur in Limoges. Er war ein enger Freund Renoirs, der 1884 seinen Sohn Paul portraitierte. Nach dem Ersten Weltkrieg gewann er Julie Manet dazu, Porzellan aus seiner Manufaktur zu bemalen.

*Helleu*, Paul (1859–1927): Maler und Kupferstecher, Schüler Gérômes, der sich auf Portraits der eleganten Pariserinnen und Londonerinnen der Belle Epoque spezialisiert hatte.

*Heredia*, José-Maria de (1842–1905): in Kuba geborener französischer Dichter, Schüler Leconte de Lisles; seine Sonette drücken auf vollkommene Weise die parnassische Ästhetik aus, Freund Catulle Mendès'.

*Kommune*, Pariser: revolutionäres Stadtparlament, eingesetzt in Paris im März 1871 nach der Aufhebung der Belagerung der Hauptstadt durch die Preußen und zu Fall gebracht am 28. Mai nach einer neuerlichen Belagerung durch die Truppen der Regierung Thiers', die vorübergehend ihren Sitz in Versailles hatte.

Ihre Zusammensetzung war sehr heterogen – Arbeiter, Nationalgardisten, gemäßigte Republikaner, Linksextremisten –, was zum Teil ihr Scheitern erklärt. Der Aufstand, die Belagerung und die darauf folgende Niederschlagung forderten in Paris mehr als zwanzigtausend Todesopfer; die Tuilerien und das Rathaus wurden in Brand gesteckt, ebenso andere öffentliche Gebäude, die die Macht der reaktionären Rechten symbolisierten.

*La Libre Esthétique:* Galerie avantgardistischer Kunst in Brüssel.

*La Libre Parole:* antisemitische Zeitung, herausgegeben von Édouard Drumont.

*Lamoureux-Konzerte:* gegründet von Charles Lamoureux (1834 bis 1899), der sich für Wagner begeisterte und einer der ersten Dirigenten war, der in Frankreich den «Ring des Nibelungen» leitete.

*Leconte de Lisle*, Charles (1818–1894): französischer Dichter, geboren auf der Insel Réunion; er gründete die Schule des Parnaß als Reaktion auf die Romantik.

*Lerolle*, Henri (1848–1921): Maler, der Freunde sowohl unter den Traditionalisten wie den Unabhängigen hatte und die beiden Gruppen zusammenbrachte. Bekannt sind seine Fresken in der Sorbonne und in der Kirche St. Martin-des-Champs in Paris. Seine Tochter Yvonne war eine enge Freundin Julie Manets und ihrer Cousinen.

*Louÿs*, Pierre (1870–1925): Literat und Dichter, mit einer Tochter José-Maria de Heredias verheiratet und befreundet mit Paul Valéry, Debussy und Honegger.

*Mac-Mahon*, Graf Edme Patrice de (Herzog von Magenta, 1808–1893): französischer Marschall und Staatsmann. Nach einer brillanten Militärlaufbahn löste er, obwohl Monarchist, als zweiter Präsident der dritten Republik Thiers ab. Er trat 1879 zurück.

*Maeterlinck*, Maurice Graf (1862–1949): belgischer Dichter und Dramatiker, Naturalist, Nobelpreis für Literatur 1911.

*Mallarmé*, Stéphane (1842–1898): Dichter, der dem Symbolismus zum Erfolg verhalf. Durch seinen Freund Manet, der 1876 sein Bildnis gemalt hatte, lernte er Berthe Morisot kennen. Mallarmé und Berthe Morisot wurden gute Freunde, und nach deren Tod im Jahr 1895 übernahm er die Vormundschaft für Julie.

*Manet*, Édouard (1832–1883): Julies Onkel. Mehr als alle anderen Künstler seiner Generation gab er den Anstoß zu neuen künstlerischen Auffassungen, die in den sechziger Jahren des vergangenen Jahrhunderts Gestalt annahmen. Er war sozusagen der Angelpunkt, um den herum die moderne Kunst entstand. Während ihn das Publikum ebenso wie die Kunstkritik anfeindete und geringschätzte, fand er begeisterte Unterstützung bei seinen jungen Zeitgenossen Monet, Renoir, Cézanne und Pissarro, die ihn als ihren Lehrmeister ansahen. Sein Werk löste einen Sturm der Entrüstung aus, angefangen beim «Frühstück im Freien», das dem *Salon* von 1863 eingereicht und von der Jury abgelehnt wurde. Das Bild wurde dann im *Salon der Abgelehnten* gezeigt, wo es den Zorn der Besucher erregte. Der elegante geistreiche Manet, «Boulevard-Spaziergänger» und einer wohlhabenden Bürgerfamilie entstammend, bemühte sich dennoch um offizielle Anerkennung, die ihm allerdings erst spät zuteil wurde. Unerschütterlich in seinem Entschluß, nicht gemeinsam mit den Impressionisten auszustellen, arbeitete er in den frühen siebziger Jahren dennoch Seite an Seite mit ihnen und stand in enger Beziehung zu Berthe Morisot (die 1874 seine Schwägerin wurde). Manet starb im Alter von einundfünfzig Jahren, ebenso vorzeitig wie seine beiden Brüder.

*Mauclair*, Camille (1872–1945): Dichter, Romancier und vor allem Kunsthistoriker, großer Anhänger der Impressionisten. 1893 wurde er Nachfolger des Kunstkritikers Albert Aurier im «Mercure de France».

*Mendès*, Catulle (1841–1909): Schüler Théophile Gautiers und Villiers de l'Isle-Adams, deutschfreundlich, großer Bewunderer Wagners. Er gründete die «Revue fantaisiste», die den Auftakt zum Parnaß bildete, und schrieb die Libretti zahlreicher Opern, insbesondere für Chabrier.

*Mirbeau*, Octave (1850–1917): Romancier, Dramatiker, sehr umstrittener Journalist. Zunächst Royalist und katholisch, vertrat er später die progressivsten Ideen. Seine kunstkritischen Artikel wurden in den 1922 veröffentlichten «Des Artistes» zusammengefaßt.

*Mistral*, Frédéric (1830–1914): großer provenzalischer Dichter, einer der sieben Gründer des «Félibrige», eines Dichterkreises zur Pflege der provenzalischen Sprache (Langue d'oc) und anderer okzitanischer Dialekte sowie der Traditionen der Region. Obwohl Freund der Impressionisten, stand er den rechtsgerichteten Kreisen nahe und war Dreyfus-Gegner. Zusammen mit Echegaray erhielt er 1904 den Nobelpreis für Literatur.

*Monet*, Claude (1840–1926): Gründungsmitglied der Schule der Impressionisten, gilt als einer ihrer herausragendsten Vertreter. Seine Jugend verlebte er in Le Havre, wo dem Maler Eugène Boudin sein Talent auffiel. 1857 kam er nach Paris und schrieb sich an der Schweizer Akademie ein, wo er Pissarro kennenlernte. Man weiß, daß er ab 1866 mit Manet in Verbindung stand, doch der Zeitpunkt, an dem er Berthe Morisot begegnete, ist unbekannt. Als Julie ihr Tagebuch zu schreiben begann, war er schon eine wohlangesehene Persönlichkeit. Nach dem Tod seiner Frau Camille, einem seiner ersten Modelle, heiratete er Alice Hoschedé, die nach dem Konkurs ihres Ehemanns Ernest mit ihren sechs Kindern 1878 nach Vétheuil zu den Monets gezogen war.

*Moreau*, Gustave (1826–1898): symbolistischer Maler und Professor an der École des Beaux-Arts, wo er Marquet, Matisse und Rouault zu seinen Schülern zählte. Degas verachtete seine Bilder, er verglich sie mit Massen von «Uhrketten».

*Morisot*, Edma (1840–1894): heiratete den Marineoffizier Adolphe Pontillon und gab das Malen auf. Sie hatte zwei Töchter, Jeanne und Blanche, und einen Sohn Edme.

*Morisot*, Yves (1838–1893): (Berthes ältere Schwester war auf einen männlichen Vornamen getauft worden) heiratete den Steuerbeamten Paul Théodore Gobillard und hatte drei Kinder: Paule, Marcel und Jeannie.

*Natanson*, Thadée (1868–1951): Herausgeber und Chefredakteur der «Revue blanche». Er und seine Frau Misia spielten in der Pariser Gesellschaft eine große Rolle.

*Nikolaus II.*, Zar (1868–1918): Sohn Alexanders III. und letzter russischer Zar, bestieg 1894 den Thron. Um die Freundschaft mit Frankreich zu bestätigen, stattete er 1896 Paris einen offiziellen Besuch ab und empfing im darauffolgenden Jahr Präsident Félix Faure. Er und seine ganze Familie wurden von den Bolschewiken ermordet.

*Petit*, Georges: berühmter Kunsthändler, der 1878 den Familienbetrieb übernahm und die Impressionisten ausstellte. 1882 eröffnete er eine große Galerie in der Nähe der Madeleine als unmittelbare Konkurrenz zu Durand-Ruel.

*Pissarro*, Camille (1830–1903): geboren auf der Antilleninsel St. Thomas. Seine Begegnung mit Corot ließ ihn seine Begabung als Landschaftsmaler entdecken. Gehörte der Schule der Impressionisten an, war besonders mit Monet und Renoir verbunden. Sein Sohn Lucien war ebenfalls Maler.

*Poincaré*, Raymond (1860–1934): von 1913 bis 1920 Präsident der Republik, mehrere Male Minister und Ministerpräsident. Während des Krieges vertraute er trotz seiner persönlichen Antipathie Clemenceau die Regierung an, den er als einzigen für fähig hielt, das Land zum Sieg zu führen. In der Dreyfus-Affäre hatte er bis Ende 1898 geschwiegen und die Partei des Opfers erst ergriffen, als «die Wahrheit ihren Lauf nahm» (J. L. Bresdin).

*Pont-Aven:* malerisches Dorf im Finistère, Bretagne, wo Gauguin, Maurice Denis, Émile Bernard und Paul Sérusier in den ausgehenden achtziger Jahren lebten und malten und das der Gruppe ihren Namen gab.

*Puvis de Chavannes*, Pierre (1824–1898): Maler in der klassischen Tradition, stellte an den Symbolismus angelehnte Wandgemälde her (Panthéon, Sorbonne). Freund Degas' und der Impressionisten, häufiger Gast bei Berthe Morisots Abendgesellschaften.

*Redon*, Odilon (1840–1916): symbolistischer Maler, von einer gewissen Wesensverwandtschaft mit den Impressionisten. Er wählte vor allem phantastische Motive, malte aber auch Blumenvasen in Aquarell. Freund Mallarmés.

*Régnier*, Henri de (1864–1936): Dichter, stand zunächst unter dem Einfluß Leconte de Lisles und José-Maria de Heredias; als Romancier bediente er sich eines ein wenig preziösen Stils. Er hatte eine der Heredia-Töchter geheiratet, die in der Literatur unter dem Pseudonym Gérard d'Houville bekannt geworden ist.

*Renoir*, Pierre Auguste (1841–1919): einer der Meister des Impressionismus. Schüler Gleyres, Freund Monets, Bazilles, Sisleys. Es ist schwer, den Zeitpunkt seiner ersten Begegnung mit Berthe Morisot festzulegen, aber sie waren ab 1880 eng befreundet. Seine Frau, eine geborene Aline Charigot, und er luden Julie Manet nach dem Tod ihrer Eltrn oft zu sich ein und waren ihr reizende, anregende Gastgeber. Der Cineast Jean Renoir, einer der drei Söhne des Malers, hat in seinem Buch «Pierre-Auguste

Renoir, mon père», ein sehr lebendiges Portrait seines Vaters gezeichnet.

*Riesener*, Léon (1833–1878): Maler, Schüler Gros', Schüler und Freund seines Cousins Delacroix. Seine Tochter Rosalie war eine Freundin Berthe Morisots und diente ihr oft als Modell.

*Rouart*, Stanislas-Henri (1833–1912): Mitschüler Degas', Amateurmaler, der bei Millet und Corot lernte, stellte im *Salon* aus. Er leitete ein bedeutendes metallverarbeitendes Unternehmen und war auch ein bemerkenswerter Kunstsammler. Sein Sohn Ernest, der Künstler war, war Schüler Degas' und wurde später Julies Ehemann.

*Russen*, die: landeten am 13. Oktober 1893 in Toulon, als russische Kriegsschiffe Frankreich einen offiziellen Besuch abstatteten. Die Offiziere wurden am 17. Oktober offiziell in Paris empfangen, und man veranstaltete ihnen zu Ehren im Élysée-Palast ein Diner und einen Ball. An den darauffolgenden Tagen nahmen sie an einer Parade mit Fackeln durch die Straßen von Paris, an einem Bankett auf dem Marsfeld, einem Feuerwerk über der Seine usw. teil bis zu ihrer Abreise am 24. Oktober. Zur gleichen Zeit (am 22.) fand das Staatsbegräbnis für Mac-Mahon statt.

*Salon*, der: regelmäßige Ausstellungen der königlichen Akademie für Malerei und Skulptur (gegründet im 17. Jahrhundert), die im allgemeinen im Salon Carré im Louvre veranstaltet wurden. Als man für diese Ausstellungen mehr Raum benötigte, verlegte man sie in das 1854 an den Champs-Élysées erbaute Palais de l'Industrie. Dieses Bauwerk wurde 1900 abgerissen und für die Weltausstellung durch das Petit Palais gegenüber dem Grand Palais ersetzt, wo noch immer die großen *Salons* abgehalten werden, ebenso verschiedene Sonderausstellungen. Das Wort *Salon* wurde in Paris zu einem Oberbegriff für Gruppenausstellungen. Neben dem 1881 in der «Société des Artistes français» umgestalteten *Salon* gab es andere, die ebenso ihre Bedeutung hatten:

- Der *Salon* der Abgelehnten (Refusés), wo mehr als zweitausend von der Jury des offiziellen *Salons* im Jahre 1863 zurückgewiesene Künstler ihre Werke im Grand Palais ausstellten. Dieser »Gegen*salon*», der vierzehn Tage vor dem offiziellen *Salon* seine Tore öffnete, kam sehr in Mode, und es war recht «gewagt», sich dort sehen zu lassen;

– Der *Salon* der Unabhängigen (Indépendents), von einer anderen Gruppe von »Abgelehnten« wie Seurat ins Leben gerufen;
– Der *Salon* du Champ-de-Mars, Domäne der «Société nationale des beaux-arts», gegründet 1890 von Abtrünnigen, an deren Spitze Meissonier und Puvis de Chavannes standen.

*Sisley*, Alfred (1839–1899): englischer Maler der französischen Schule, Freund Monets und Renoirs. Er arbeitete vor allem in der Ile-de-France und malte an den Ufern der Seine in Louveciennes, Bougival, Meudon usw., bevor er sich in Moret-sur-Loing niederließ, wo er die letzten zwanzig Jahre seines Lebens verbrachte.

*Stevens*, Alfred (1828–1906): Belgier, malte vor allem die Pariserin des zweiten Kaiserreichs, gehörte zum Kreis Morisot–Manet. 1886 veröffentlichte er einen Band «Impressions sur la peinture». Er fertigte zahlreiche Atelierstudien der großen Schauspielerin Sarah Bernhardt an.

*Thomas*, Gabriel (1854–1932): Berthe Morisots Cousin, Geschäftsmann und Mäzen. 1883 wurde er zum Verwaltungsdirektor des Musée-Grévin ernannt und gab ihm sein heutiges Aussehen, in dem er die historisch getreue Nachbildung einführte. Als Präsident der Eiffelturmgesellschaft war er an der Einrichtung des rollenden Gehwegs auf der Weltausstellung von 1900 beteiligt, leitete den Bau des Théâtre des Champs-Élysées und hatte 1924 die Idee, auf dem Eiffelturm Leuchtreklame zu machen. Auch ließ er sich die indirekte Beleuchtung von Theatersälen patentieren. Bibliophiler und Kunstliebhaber, der er war, gab er zusammen mit Mauris Denis Kunstbücher heraus.

*Valadon:* siehe *Goupil*, Adolphe.

*Valéry*, Paul (1871–1945): mütterlicherseits italienischer Herkunft, recht schwer zugänglicher Dichter und Schriftsteller, ein Denker, der sich dagegen wehrte, Philosoph zu sein. Durch seinen Freund Pierre Louÿs lernte er Mallarmé kennen, später dann André Gide. 1925 in die Académie française gewählt, aber erst 1927 aufgenommen. Späterer Ehemann Jeannie Gobillards.

*Villiers de l'Isle-Adam*, Comte Auguste (1840–1889): Dichter, Schriftsteller, Dramatiker. Freund Mallarmés, gehörte nicht der symbolistischen Bewegung an, doch war seine Haltung vergleichbar mit der des Dichters. Auch Baudelaire bewunderte ihn. Zu Ruhm kam er erst nach seinem Tod.

*Vollard*, Ambroise (1868–1939): geboren in Saint-Denis auf der Insel Réunion, Bilderhändler, der in der Rue Laffitte eine Galerie besaß, wo er die Avantgarde seiner Zeit ausstellte. In seinen «Souvenirs d'un marchand de tableaux» (1937) erzählte er, wie er sein Vermögen machte, in dem er sich für Cézanne, van Gogh, Henri Rousseau, Rodin, Maillol engagierte. Er vergab Aufträge für Illustrationen an Bonnard, Chagall und Rouault.

*Wolff*, Albert (1835–1891): französischer Schriftsteller deutscher Abstammung, war eine Zeitlang Theaterkritiker des «Figaro». In seinem Artikel über die Impressionistenausstellung von 1876 nannte er Berthe Morisot eine «Verrückte». Eugène Manet, ihr Ehemann, hätte sich, wie es heißt, deswegen am liebsten mit Wolff duelliert.

*Wyzewski*, Teodor de, genannt de Wyzewa (1863–1917): Publizist polnischer Abstammung, der auch Literaturkritiker und Kunstsammler war. Er bewunderte Mallarmé und Berthe Morisot. War ein erbitterter Dreyfus-Gegner.

*Zandomeneghi*, Federico (1841–1917): italienischer Maler, geboren in Venedig als Sohn einer Bildhauerfamilie. Er kämpfte in der Armee Garibaldis, dann ließ er sich 1874 in Paris nieder. Stellte mit den Impressionisten aus.

*Zola*, Émile (1840–1902): väterlicherseits italienischer Abstammung. Bedeutender Romancier und Hauptvertreter des französischen literarischen Naturalismus. Er arbeitete sein ganzes Leben an zahlreichen Zeitungen mit und förderte in seinen Artikeln, besonders in «Mon Salon» (1866), «Édouard Manet» (1867), Manet und die Impressionisten. Seit seiner Kindheit verband ihn mit Paul Cézanne eine tiefe Freundschaft. Als Antiklerikaler, Antimonarchist und Antimilitarist engagierte er sich leidenschaftlich in der Dreyfus-Affäre: Am 13. Januar 1898 trat er mit der Schrift «J'accuse» in Clemenceaus Zeitung «l'Aurore» öffentlich für Dreyfus ein und prangerte die Machenschaften seiner Ankläger an. Diese Geste löste eine Meinungskampagne aus, die in die Wiederaufnahme des Verfahrens gegen Dreyfus mündete, doch Zola wurde nach einem aufsehenerregenden Prozeß wegen «Diffamierung» des Kriegsgerichts, das den wahren Verräter Esterhazy freigesprochen hatte, zu einem Jahr Gefängnis und einer Geldstrafe von dreitausend Francs verurteilt. Er mußte fast ein Jahr im englischen Exil leben.